TEMPO DE *CLIMA*

Supervisão Editorial:	J. Guinsburg
Assessoria Editorial:	Plinio Martins Filho
Revisão de Provas:	Sérgio Sálvia Coelho
Projeto Gráfico:	Adriana Garcia
Capa:	Sérgio Kon
Produção:	Ricardo W. Neves, Heda Maria Lopes e Raquel Fernandes Abranches

RUY COELHO

Tempo de *Clima*

Dados Internacionais de Catalogação na Publicação (CIP)
(Câmara Brasileira do Livro, SP, Brasil)

Coelho, Ruy, 1920-1990
    Tempo de clima / Ruy Coelho -- São Paulo :
Perspectiva ; CESA - Sociedade Científica de Estudos
da Arte, 2002.

    ISBN 85-273-0313-2

    1. Clima (Revista) 2. Coelho, Ruy, 1920-1990 -
Crítica e Interpretação I. Título.

02-5560   CDD-869.909

Índices para catálogo sistemático:
1. Literatura brasileira : História e crítica
    869.909

Direitos reservados à
EDITORA PERSPECTIVA LTDA.
Av. Brigadeiro Luís Antônio, 3025
01401-000 – São Paulo – SP – Brasil
Tel.: (0--11) 3885-8388
Telefax: (0--11) 3885-6878
www.editoraperspectiva.com.br
2002

SUMÁRIO

Nota dos Organizadores 7

Prefácio – *Gilda de Mello e Souza* 9

LITERATURA E ARTE

Proust 15

   1. A Vida 17

   2. A Obra 29

   3. As Idéias 42

Varouna 55

Fantasia e Estética 63

Uma Voz na Platéia 73

Os Condenados 77

Introdução ao Método Crítico 83

L'annonce Faite à Marie 93

Dois Pensamentos de Pascal sobre o Estilo 97

O Poeta Antônio Botto 99

CINEMA

The Little Foxes 111

TEMPO DE *CLIMA*

Críticas 117
    Chamando a Morte 117
    A Dama Fantasma 118
    Os Mistérios da Vida 119
    Por Quem os Sinos Dobram 120
Crônicas 123
    Papai por Acaso 123
    O Impostor 124
    O Solar das Almas Perdidas 125
    O Fantasma dos Mares 126
    Uma Voz na Tormenta 128
    Mais Forte que a Vida 130
    França Eterna 132
    Jane Eyre 133

NOTA POLÍTICA
Verbetes para um Vocabulário Político 137

Notas dos Organizadores

Este volume contém tudo o que Ruy Coelho publicou na revista *Clima*, desde o primeiro número, maio de 1941, até o último, novembro de 1944. Em dois casos não adotamos os textos da revista, a fim de seguir a norma segundo a qual devem ser preferidas as redações que representam a última vontade do autor: o do ensaio sobre Marcel Proust e o do ensaio sobre o método crítico, que ele reuniu em 1944 num pequeno volume da Editora Flama, alterando os títulos, abrindo capítulos no primeiro, fazendo algumas modificações e juntando as bibliografias. Além disso, corrigimos erros evidentes de revisão, traduzimos em rodapé os trechos em língua estrangeira, que Ruy Coelho citava sempre no original, acrescentamos algumas poucas notas para esclarecimento do leitor e mantivemos as originais marcando-as sempre com a abreviação "N. O." entre parênteses.

Antonio Candido e
Sociedade Científica de Estudos da Arte

PREFÁCIO

Os escritos reunidos neste livro correspondem ao início da produção de Ruy Coelho e apareceram todos na revista *Clima*, fundada em 1941 por sugestão de Alfredo Mesquita, segundo plano dele e de Lourival Gomes Machado, que deu o título, fez o projeto gráfico, desenhou a capa e foi sempre o diretor responsável.

No primeiro número apareceu o longo ensaio de Ruy, "Marcel Proust e o Nosso Tempo", surpreendente se levarmos em conta que o jovem autor acabara de fazer vinte anos, mas já dominava uma bibliografia considerável, geral e específica, denotando grande cultura precoce. E é curiosa, no artigo, a marca da nossa geração, preocupada com a função social da literatura. Ruy manifesta pela obra de Proust uma paixão que, aliás, durou a vida toda, mas, depois de analisá-la com muita inteligência, rejeita a filosofia de vida que pode decorrer dela, centrada por uma eventual fuga da realidade, a ponto de acabar o ensaio citando como contrapeso André Malraux, exemplo então muito louvado de "escritor participante", como se dizia. Essa preocupação, de fundo político, aparece em muitos artigos do livro, feitos durante a segunda guerra mundial, quando o perigo de vitória do nazismo assombrava a todos e cada um procurava afirmar as suas posições democráticas como forma possível de oposição à ditadura do Estado Novo. Era o "ar do tempo", que suscitava discordâncias no campo dos estudos literários. Tanto assim, que

TEMPO DE *CLIMA*

quando o ensaio sobre Proust apareceu em 1944 em volume, João Gaspar Simões, considerado então por muitos o crítico português mais importante, dedicou-lhe um artigo longo e atento, marcado pela avaliação positiva, mas contestando o ângulo político, que lhe parecia comprometer o tratamento mais adequado, de cunho estético.

Mas as marcas do tempo não aparecem só nisso. Para nós, sobreviventes, é visível nas citações de Ruy a presença dos pensadores que foram objeto dos cursos de filosofia do Professor Jean Maugüé de 1939 a 1941: Freud, Max Scheler, Schopenhauer, Nietzsche, Hegel. Sob este aspecto, *Tempo de Clima* é um documento de época e tem o timbre do que se poderia chamar o espírito da Faculdade de Filosofia da Universidade de São Paulo em sua fase inicial.

No entanto, é também visível o arsenal próprio de Ruy, fruto de uma curiosidade que ultrapassava o elenco das informações e tendências dominantes em nossa escola, exprimindo a sua iniciativa mental. É o caso, por exemplo, do recurso à filosofia hindu, presente também em outros escritos.

Por falar em características individuais, mencionam-se mais duas neste livro. Primeiro: o tom muito direto com que Ruy se exprime, usando largamente a primeira pessoa do singular, fazendo questão de registrar com a maior naturalidade as suas reações e o pormenor do seu ponto de vista. Segundo: o destemor intelectual. Ele era um rapaz atencioso e impecavelmente bem educado, mas não hesitou em fazer restrições severas a *Os Condenados*, do temível Oswald de Andrade, de quem era amigo e cuja casa frequentava assiduamente. Oswald, suscetível e desabrido, ficou indignado e se afastou de Ruy.

Incluindo uma interpolação de matéria posterior, de outra natureza, cabe registrar que em circunstância realmente grave, quando foi preso no ano de 1971 durante a ditadura militar, ele se comportou com o mesmo destemor em face dos inquiridores da OBAN.

Voltando às características daquele momento, é preciso destacar como é profunda neste livro a impregnação da França e sua cultura. A nossa bibliografia era quase toda francesa, os professores eram franceses e davam as aulas em sua língua, o que se reflete nas longas citações que Ruy não se preocupa em traduzir.

Relendo depois de tanto tempo a matéria deste livro, sentimos o quanto era verdadeiro o juízo que sempre fizemos a respeito dele: do nosso grupo, era e sempre foi o mais culto e o mais versátil. (Décio de Almeida Prado mencionou certa vez a sua "curiosidade enciclopédica"). Num dos artigos, diz

PREFÁCIO

com modéstia pitoresca que atuava na revista à maneira de um casaca-de-ferro, fazendo números ocasionais para substituir os artistas do quadro... Não era assim, está claro. A verdade é que, apesar de ser o mais moço, foi o único de nós capaz não apenas de produzir ensaios para a primeira parte da revista ("Proust", "Da Crítica", "Fantasia e Estética") e notas para as partes finais, mas, como verá o leitor, de contribuir para praticamente todas as seções: livros, teatro, música, cinema.

Clima teve fases distintas. De 1941 a 1942, onze números com estrutura meio pesada; depois de extensa pausa, um número de transição em 1943; finalmente quatro números finais no segundo semestre de 1944. Estes tinham estrutura mais flexível e maior variedade, substituindo os artigos compridos das seções por notas breves. Paulo Emilio Salles Gomes, encarregado de cinema, deixou de colaborar e a tarefa passou a Ruy Coelho, que já tinha escrito sobre o assunto em números anteriores e se revelou crítico excelente, pois era incisivo, penetrante e emitia juízos certeiros em crônicas de escrita muito viva. Nesse tempo era também crítico de cinema do *Diário de S. Paulo* (Paulo Emílio dizia que o melhor naquele momento) e estava às vésperas de deixar o Brasil para uma ausência de seis ou sete anos, em cujo decurso fixou o seu perfil de sociólogo.

Tempo de "Clima" enfeixa, portanto, a fase inicial de uma produção muito valiosa, em grande parte oculta pelo incrível desinteresse de Ruy Coelho em relação a tudo o que fosse publicidade, fama ou mesmo simples divulgação dos seus escritos.

Gilda de Mello e Souza

LITERATURA E ARTE

PROUST[1]

Marcel Proust nasceu em Paris em 10 de julho de 1871. Esta simples informação de antologia adquire especial significado quando relembramos os acontecimentos que marcaram 1871 – o "ano terrível".

Vejamos os antecedentes históricos.

Em 1848 surgiu o sopro de renovação que iria produzir agitações na Europa inteira. Até então o socialismo, que tinha ligações evidentes com o movimento romântico, apresentava-se sob forma idílica e arcádica. Os sistemas utópicos dos Owen, Fourier, Louis Blanc, Saint-Simon e demais derivavam em linha reta do enciclopedismo. Acreditavam eles que os homens, como criaturas racionais, em lhes sendo propostas as receitas salvadoras que tinham elaborado, aceita-las-iam de bom grado. Estas idéias eram muito apreciadas pela sociedade romântica; as teorias utópicas estavam na moda.

Depois da dissolução do romantismo apareceu outra forma de socialismo, que a si mesmo deu o nome de científico. Aqui não se tratava mais da conversão intelectual, do progresso das luzes. A luta de classes era a base do

---

1. Publicado inicialmente no nº 1 de *Clima*, maio de 1941, com o título: "Marcel Proust e a Nossa Época". Em 1944 foi publicado de novo num pequeno volume, *Proust e Introdução ao Método Crítico*, S. Paulo, Flama, s.d.

TEMPO DE *CLIMA*

sistema e o meio de levá-lo ao êxito a violência e a revolução. Por toda a parte é o próprio proletariado que se revolta, pretendendo resolver por si mesmo e em seu favor a questão social. Na Europa toda levantam-se as barricadas. A burguesia reage aterrorizada.

Na França, essa reação se concretizou no golpe de estado de 1851. Esperava-se a salvação, daqueles que, nas guerras do Império, tinham revelado tanta energia, verdadeira tropa de choque da burguesia. Mas era apenas um pálido espectro do grande corso que se pretendia opor como barreira eficaz à maré montante. O desastre de Sédan pôs fim a essa ilusão. Sobre os escombros, iluminados pelo incêndio rubro da Comuna, estabeleceu-se a Terceira República. Foi um período de grandes agitações e pesquisas desesperadas, em que repontaram todos os problemas que hoje explodiram em busca de solução. Foi então que se estabeleceu a democracia, que hoje podemos considerar como não tendo sido propriamente forma fixa de organização, mas estado de coisas provisório, que serviu para deixar que se formulassem todas as aspirações, na esperança que do seu entrechoque saísse a fórmula salvadora. (Lembra-me agora o discurso de Mr. Bergeret, em Paris, a respeito da liberdade de imprensa - querendo-a total, mesmo quando absurda e suscitadora de distúrbios).

Não só as reivindicações coletivas como também as tendências individuais se revelaram. A sexualidade longamente recalcada pôde aflorar à consciência, mesmo sob as formas mais condenadas pela sociedade, desde que se revestissem de disfarces mais ou menos evidentes. Tendo perdido contato com as forças espirituais, quebraram-se todas as normas que limitavam o homem. Como dizia o velho Karamazoff, se Deus não existe, tudo é permitido.

Neste possante fervilhar de massa que leveda, as classes dirigentes perceberam, como através de antenas sutis, que as possibilidades de se *inscreverem numa ordem eterna* não residiam mais no campo das realidades concretas. Passara o seu momento histórico. Daí a fuga ante o real, que se fazia por todas as formas.

Da derrocada total salvara-se, entretanto, a arte. Só ela era sagrada e inatacável. Único ideal subsistente, a beleza artística tornou-se receptária da vaga ânsia de elevação, que não pode morrer no homem. Em seu nome, tudo se justifica. Todas as depravações, crimes mesmo, são defendidos, desde que apareçam dourados com seu prestígio. O renome artístico, como vemos na obra proustiana, é título que abre as portas dos salões mais fechados. Com o wagnerismo, então, atingimos verdadeiro estado de espírito religioso. A peregrinação a Bayreuth era ato ritual de significado idêntico ao que tinha para o maometano a viagem à Meca. Mais do que isso, pretendia substituir a vida pela arte, único porto contra as violentas tempestades que se preparavam. Toda sua existência, Proust iria vivê-la nessa sociedade. Sua obra inteira está marcada por ela, é em grande parte o produto dela. Grande número de suas idéias e tendências, ele as exprimiu claramente. Foi a mais interessante manifestação artística desse momento. Porque os grandes escritores do período, Loti, Anatole France, Mirbeau, Jean Lorrain, Huysmans, limitavam-se a apresentar *uma* tentativa de evasão, *um* aspecto doentio – os países exóticos, o refúgio na inteligência cética, o sadismo (*Le jardin des supplices*), as obsessões, as drogas, os vícios de toda a espécie (*Mr. De Phocas*), as missas negras (*Là-Bas*), o culto das sensações (des Esseintes, que seria o barão de Charlus de *À la recherche du temps perdu*; na vida real o conde Roberto de Montesquiou-Fézensac). Proust sintetizou todos estes fenômenos estranhos, iluminados pelas fosforescência da composição de um organismo social que agoniza. É o cronista da decadência. O caráter especial do seu tipo de fuga não o impede de estudar a sua época. E de tal modo aprofundou-lhe a análise, que acabou dissolvendo-lhe todos os conteúdos reais. Por isso é que sua obra é tão preciosa, não só como expressão do indivíduo, mas como filme fiel da sociedade em que viveu.

Mas além da face documental e estética, de valor indiscutível e cuja importância cada vez mais aumenta, existem as idéias, o substrato filosófico da obra. Até que ponto, também, sua filosofia foi o produto mórbido do momento histórico? Que valor pode ter para nós, moços, como inspiradora de posições? Que de verdade se contém nela?

No instante em que esse período foi definitivamente ultrapassado e em que a Europa se agita lancinada à procura de uma verdadeira ordem nova, seria interessante, apesar da proximidade tirar a perspectiva e o imenso vulto da obra não permitir visualizar bem todos os seus aspectos, tentar definir a posição deste gênio singular, avaliar seu valor literário e filosófico, compreendê-la e fixar a atitude a ser adotada em face dos problemas que suscitou.

1. *A Vida*

Veio ao mundo numa família da alta burguesia. Sua mãe, em solteira Mlle. Jeanne Weill, era de origem judaica. O pai, Dr. Adrien Proust, era pro-

TEMPO DE *CLIMA*

fessor na Faculdade de Medicina, higienista muito conhecido, criador dos "cordões sanitários".

Muito criança ainda, já se distinguiu pela saúde débil e excessiva sensibilidade. Imagino-o um menino muito quieto, pálido, sem vitalidade, grandes olhos atentos, esses olhos negros que eram um dos seus grandes encantos. Nada do estuar de vida, da turbulência de movimentos, das peraltices, quedas, gritos, machucaduras, tão próprios da quadra infantil. Desde muito cedo, tinha aprendido a fazer dos sentidos arpões que enganchavam o efêmero das sensações, e do inconsciente, esponja que se embebia das impressões vivíssimas dessa fase.

Aos nove anos, teve a primeira crise da terrível asma que o acompanharia até o fim da vida. Tão forte foi, que o pai, aterrorizado, chegou a temer que não resistisse. Não mais pôde passar o verão em casa dos tios, em Illiers (a sua cara Combray), onde até hoje florescem "les aubépines des buissons sauvages de Méséglise"[2], cujo perfume impregna toda a primeira parte da obra e que, antes da guerra atual, os turistas americanos colhiam com ingênua religiosidade.

Depois disso, qualquer odor de flores causava-lhe torturantes sufocações. Só pôde contemplar a natureza através dos vidros fechados de carruagens. É por este motivo que a primeira parte do livro é toda feita de impressões sensoriais coloridas por tonalidade afetiva, estudadas de modo tão profundo que quase se chega à sensação sem imagem. O que contribui poderosamente para dar-lhe poesia indeterminada, que sai já das regiões do inconsciente, e que seria muito admirada mais tarde pelos surrealistas.

A intensidade afetiva de que se revestem estas rememorações da primeira infância, nos revelam com clareza as fortíssimas fixações do autor. A própria asma já seria indício.

Segundo as hipóteses de Otto Rank em *O Traumatismo do Nascimento* (que, aliás, não foram ainda inteiramente comprovadas pela psicanálise ortodoxa) a asma nervosa teria origem no próprio nascimento. Rudemente arrancada a um mundo ideal de imobilidade, calor constante, sem necessidade do menor esforço para se nutrir, e projetada em ambiente hostil, onde a condição de vida é a atividade, a criança sente profundamente o choque. Daí o aparecimento do mito do paraíso perdido, entre todos os povos antigos.

Para o indivíduo, a reação contra o meio se processa utilizando-se dos fenômenos concomitantes do puerpério – a golfada de ar frio que invade os

---

2. "As azeroleiras dos arbustos selvagens de Méséglise".

pulmões e a fricção da epiderme. No seu desejo de voltar ao ventre materno, o indivíduo contrai espasmodicamente os órgãos respiratórios para não deixar entrar o ar, ou sua pele se recobre de urticária ou eczema. Estas suposições ousadas envolvem problemas delicadíssimos, como seja o da consciência do feto.

Como quer que seja, é interessante para marcar a atitude inicial de Proust, de fuga diante da vida, de recriação do universo interior. Ele pertencia ao tipo dos hipersensíveis, cuja libido viscosa ou "gliscroide" como a chamou Minkowski, se fixa tenazmente aos primeiros objetos afetivos.

Do que tenha sido a fixação edipiana tem-se, na leitura de *Du côté de chez Swann*, noção tão clara que qualquer comentário é ocioso. No dia em que se escreverem manuais de psicologia dignos desse nome, as páginas que retratam a cerimônia do deitar-se e do beijo materno, que as visitas de Swann vinham perturbar, servirão de exemplo ilustrativo do complexo de Édipo, a mesmo título que hoje figura a "petite madeleine" para esclarecer a distinção entre memória-voluntária e recordação-imagem. Este complexo não assume, entretanto, a forma mais comum. Mais do que ponto de convergência das aspirações instintivas, a mãe é o modelo, a perfeição terrestre que deve ser seguida, criatura com a qual ele tenta realizar verdadeira fusão afetiva, tornando-se igual a ela. Já temos um primeiro fator efeminizante da sua conduta.

Pode-se imaginar como seriam dolorosos os subsequentes embates com a vida. No colégio, a sensibilidade vivíssima o fazia sofrer grandemente. Tinha exigências de amizade total, como testemunham seus colegas mais chegados Léon Brunschvicg, Robert Dreyfus, Paul Leclerq, Louis de la Salle, e que se tornavam impossíveis de ser satisfeitas.

Era um aluno brilhante, mas não muito estudioso, ao menos com regularidade, não permitida pela saúde frágil. Muito forte em História Natural e História, em que se apaixonou pela época de Luiz XIV e Luiz XV. No livro de Pierre Abraham, há a reprodução fotográfica de álbum que data dos quatorze anos. Dele destacamos os seguintes trechos:

> Your idea of happiness – Vivre près de tous ceux que j'aime, avec le charme de la nature, une quantité de livres, de partitions et pas loin d'un théâtre français[3].
> Your idea of misery – Être eloigné (riscado) separé de maman[4].

3. "Sua idéia de felicidade – viver perto de todos aqueles a quem amo, com o encanto da natureza, uma quantidade de livros, partituras e não distante de um teatro francês".

4. "Sua idéia de miséria – ser afastado (riscado) separado da mamãe".

TEMPO DE *CLIMA*

Your pet aversion – Les gens qui ne sentent pas ce qui est bien et qui ignorent les douceurs de l'affection[5].

Your favorite motto – Une qui ne peut pas se résumer parce que sa plus simple expression est ce qui a (sic) de beau, de bien, de grand dans la nature[6].

Aos 15 anos encontra os dois pólos de sua vida – a arte e a sociedade. Escreve a descrição, ou melhor, a impressão que lhe despertam os campanários de Martinville, a qual reproduzirá sem retoques em *Pastiches et Mélanges* e *Du côté de chez Swann*. E, também, é recebido pela primeira vez no salão de Mme. Strauss. Sua vida se torna mais exterior. O que antes fora apenas os encontros com Gilberte e as meninas dos Champs Élysées (a principal inspiradora de Gilberte foi Mlle. Benardaky, mais tarde Princesa Radziwill), amplia-se com a ida ao teatro e a fascinação pela Berma e o mundo dos atores.

Em 1889, aos 18 anos de idade, presta serviço militar sob a forma do que em França se chamava voluntariado. É então que trava relações mais íntimas com Gaston de Caillavet, que contribuiu para a figura de Saint-Loup. É com ele que tinha as longas conversas sobre estratégia militar, que procurou aprofundar o mais que pôde, como tudo que passava pelo seu espírito eminentemente sério (ver *Le côté de Guermantes*).

Jeanne Maurice Pouquet em *Le salon de Mme. Armand de Caillavet* nos traça um perfil dele naquela época.

Chegava fardado, numa carruagem, vindo de Orléans – sede do 76º regimento que era o seu – para a estação de veraneio para onde se transportara o salão. Gaston o acompanhava, abrigando-o em mantos (já nesse tempo era ultrafriorento), tendo toda a espécie de cuidados. (Ver em *A l'ombre des jeunes filles en fleurs* as atenções idênticas de Saint-Loup, para com a personagem principal.)

Era muito benquisto, especialmente pelo outro sexo, o que provocava a inveja da rapaziada. Tinha conservado toda a sensibilidade da infância. Um quase nada, como exemplo: uma bola lançada de uma quadra vizinha, enquanto conversavam sob as árvores, e que supunha proposital, magoava-o até o fundo da alma. Até o fim da vida, não se modificariam estes traços femininos da adolescência.

---

5. "Sua maior aversão – As pessoas que não sentem aquilo que é bom, e que ignoram as doçuras da afeição".

6. "Seu *motto* favorito – Um que não se pode resumir porque a sua mais simples expressão é aquilo que á (sic) de belo, de bom, de grandioso na natureza".

Cumpridos os deveres militares cabia-lhe a obrigação de escolher carreira. A ambição paterna destinava-o à diplomacia. O velho pretexto da fraqueza de saúde ainda lhe serviu. Matriculou-se na Sorbonne, nos cursos de Direito e Ciências Políticas. Entrou num escritório de advocacia do qual saiu um mês depois. Não encontra nada que o satisfaça. Escreve a Robert de Billy: – "Que reste-t-il, decidé que je suis à n'être ni prêtre, ni avocat, ni médecin?"[7] Nem mesmo as aulas chegam a interessá-lo. A verdadeira vocação era a literatura, abafada pelo pai. Entretanto, fundou uma revista, *Le banquet*, que foi a iniciação literária dele e do grupo de amigos – Fernand Gregh, Robert Dreyfus, Daniel Halévy, Robert de Flers, Henri Barbusse, Léon Blum...

Em 1896 surgem dois livros – uma *plaquette* nas edições do *Ménestrel*, *Portraits de Peintres*, acompanhados da música de Reinaldo Hahn; e na casa Calmann-Lévy *Les plaisirs et les jours* com prefácio de Anatole France. O tom do livro, o prefácio, o assunto e também alguns artigos publicados mais tarde no *Figaro* sobre os salões literários, lhe dão a reputação de diletante das letras, delicado cinzelador de futilidades. O único que assinala as grandes possibilidades do autor é Léon Blum.

O juízo dos contemporâneos não é de todo falho. Analisado em si, o livro, de fato, de vez em quando dá impressão de afetado. Mas quem tem conhecimento da obra toda, percebe já o grande escritor que se esboça. No conto "Mélancolique Villégiature de Mme. de Breyves" é todo o *Un amour de Swann* que se deixa entrever. Em *La mort de Baldassare Sylvande* reponta a profunda melancolia e o encanto da paisagem do *Swann*. A nota dominante, entretanto, é o mundanismo.

Proust foi, talvez, o maior *snob* da literatura mundial. E o foi com volúpia, com ardor religioso, com requintes de artista. Gostava de encontrar nos nomes da aristocracia revivescência dos grandes séculos da História, das *Memórias* de Saint Simon, por quem tinha tão grande admiração. Maravilhosas são as páginas a propósito das sugestões góticas do nome Guermantes, da sua sonoridade alaranjada, cor dos vitrais de Gilberto, o Mau, na igreja de Combray.

Freqüentou os salões da Princesa Mathilde, de Mme. de Caillavet, de Mme. d'Aubernon (que forneceu traços a Mme. Verdurin), da condessa de Polignac, de Mme. Strauss-Bizet, o primeiro em que apareceu e que o acolheu de braços abertos. Apesar de toda a vida ter sido o *enfant gâté* da sociedade e da idolatria

---

7. "O que resta, decidido como estou a não ser nem padre, nem advogado, nem médico?"

TEMPO DE *CLIMA*

que teve por ela, nunca sua visão foi falseada. Os aristocratas sempre lhe apareceram sob os traços verdadeiros. As pinturas que deles deixou, no-los mostram grosseiros, estúpidos, gozadores, cheios de vícios que ele estigmatiza. Já nos artigos do *Figaro* encontramos o seguinte:

Sans doute, les gens du monde connaissent l'admirable talent qu'ont rehaussé tous les décors de l'élégance et invoqué tous les appels de la charité. Mais ce qu'il y a de plus raffiné, d'à peu près unique, leur échappe bien souvent et n'est guère sensible qu'aux artistes[8].

A vida mundana parecia-lhe dissipação pecaminosa, "tempo perdido". Tendo obtido, com apoio da mãe, que lhe fosse dispensado seguir carreira regular, sentia-se entretanto cheio de responsabilidades frente à própria vocação. Os remorsos aparecem claramente em "Violante ou la Mondanité" onde mostra como uma jovem aristocrata, de grande inteligência, beleza e sensibilidade rica, compreensiva, ao casar-se é absorvida pelo turbilhão mundano, que acaba por detestar. Mas quando quer se libertar, é demasiado tarde, está presa pelo hábito a uma vida vã e estéril.

No trecho de "Regrets – Rêveries couleurs du temps" intitulado "L'Étranger" ainda isso se torna mais claro. Quando Dominique está para receber amigos, um estranho aproxima-se dele e insiste para que os despeça e lhe dê unicamente atenção. Ele recusa: "Je ne peux pas les congédier, répondit Dominique, *je ne peux pas être seul*[9]. Redargue-lhe o estranho: "Bientôt tu m'auras tué, et pourtant tu me devais plus qu'aux autres... Je suis ton âme; je suis toi-même[10]". Esta consciência moral tão aguda veio-lhe mais por intermédio da mãe que, em maior parte que o pai, formou-lhe o "superego". Embora na realidade fosse cheia de carinhos e *gâteries* para com ele, obrigando a casa toda ao mais rigoroso silêncio quando dormia ou escrevia, satisfazendo-lhe todos os caprichos, dera-lhe educação moral severa. Quando em *Du côté de chez Swann*, ela desiste de fortalecer-lhe a vontade e diminuir-lhe a sensibilidade nervosa e vem embalá-lo, para que durma, ele sente dor de consciência:

8. "Sem dúvida, as pessoas da sociedade conhecem o admirável talento que todos os cenários de elegância realçaram e todos os apelos da caridade invocaram. Mas o que há de mais refinado, e quase único, lhes escapa muito freqüentemente e não é quase sensível senão aos artistas".

9. "Eu não posso dispensá-los, respondeu Dominique, eu não posso ficar a sós".

10. "Logo tu me terás matado, entretanto, tu me devias mais do que aos outros... Eu sou tua alma: eu sou tu mesmo".

J'aurais dû être heureux, je ne l'étais pas. Il me semblait que ma mère venait de me faire une prémière concéssion douloureuse, que c'était une prémière abdication de sa part devant l'idéal qu'elle avait conçu pour moi, et que pour la prémière fois, elle s'avouait vaincue. Il me semblait que si je venais de remporter une victoire, c'était contre elle que j'avais réussi, comme auraient pu faire la maladie, les chagrins ou l'âge, à détendre sa volonté, à faire fléchir sa raison et que cette soirée commençait une ère, resterait comme une triste date[11].

Também a figura materna introjetada lhe fazia sofrer horrivelmente no tocante à sua sexualidade desviada. Ao ver o jovem dândi, tão excessivamente delicado, tão ansiosamente amável, parecendo se desculpar sempre, distribuindo fantásticas gorjetas aos "garçons" e criados, sentia-se qualquer coisa de esquisito.

Lembra-me a imagem de Victor Hugo comparando certas almas a lagos aparentemente serenos. Mas de vez em quando estranho rolar de ondas surpreende o observador – o que seria? Nem vento, nem nada que lhe roce a superfície... É o monstro oculto nele, que se agita no fundo lamacento. A tortura atroz que lhe foi a anomalia psicossexual se retrata ainda no mesmo *Les plaisirs et les jours* (que, pelo visto, é irônico título), em "Confession d'une Jeune Fille", que Henri Massis acha tão claramente autobiográfico. Para este crítico o caso da moça que se deixa perverter por fraqueza de vontade, e cuja mãe é morta pelo conhecimento brutal de sua corrupção, é uma confissão disfarçada. A angústia espantosa dessas páginas tira sua força do medo que a própria mãe viesse a saber da parte oculta de sua vida.

O estudo do homossexualismo de Proust é algo que não foi tentado até hoje, ao menos com a profundidade e probidade necessárias. O livro de Henri Massis focaliza tão somente o aspecto trágico, o embate de consciência. Outros se referem de leve, sem reconhecer que se trata de um ponto essencial para a compreensão da obra. Todos recuam horrorizados diante da Sodoma que ele, no entanto, teve a coragem de analisar. Tanto quanto se pode saber a respeito, parece tratar-se de um caso comum de recalque edi-

---

11. "Eu deveria estar feliz, mas não estava. Parecia-me que a minha mãe acabava de fazer uma primeira concessão dolorosa, que era uma primeira renúncia de sua parte diante do ideal que ele havia concebido para mim, e que pela primeira vez ela se confessava vencida. Parecia-me que se eu acabava de obter uma vitória, era contra ela que eu havia vencido, como o poderia ter feito a doença, os sofrimentos ou a idade, a afrouxar sua vontade, a fazer inclinar sua razão e que esta noite começava uma era, permaneceria como uma triste data".

TEMPO DE *CLIMA*

piano, fazendo a libido regredir a um ponto de fixação infantil. Evidentemente, a severidade do meio familiar em que viveu na infância, tal como é descrito em *Du côté de chez Swann*, criou-lhe excessiva delicadeza de consciência, o que lhe dificultou a eclosão natural dos instintos.

A evolução dos sentimentos em relação à mãe não se realizou de modo normal. Do confronto entre a própria fragilidade e a imensa força do pai, veio a sensação de inferioridade que, junto ao horror que lhe devem ter inspirado esses sentimentos, fê-lo voltar a uma situação a que estava adaptado, na qual se sentia bem. A posição feminina tinha ainda a vantagem de lhe assegurar maior soma de carinhos, tendo além disso caráter de submissão e de renúncia, tão de acordo com seu feitio. Existem, admitindo-se esta explicação, fa-tores pessoais inefáveis, como sejam a constituição nervosa, certas predeter-minações de natureza vaga, que a Psicanálise não pode atingir.

Uma vez sua personalidade constituída em torno desse núcleo, a vida se lhe tornou um longo martírio. É ele próprio que se trai na análise acurada do assunto, nessa tendência tão humana de querer se libertar de um segredo, cuidadosamente guardado no entanto. (Mesma tendência magnificamente estudada no Barão de Charlus.) Ao fazê-lo, no entanto, persegue os pobres fugitivos de Sodoma com verdadeira ferocidade. Nada mais doloroso que a última aparição de Charlus em *Le temps retrouvé*, octogenário, com amolecimento cerebral, amparado pelo fiel Jupien.

Debalde se procurará em toda a obra qualquer defesa do seu desvio, qualquer aspecto mais elevado ou poético. Só se apresenta revestido de sexualidade bestial (cena de Charlus e Jupien que termina *Sodome et Gomorrhe* – I), ou de grotesco, ou de angustioso. Quando tenta exprimir sentimentos mais elevados (ele que confessou a Gide nunca ter tido relações sexuais com mulher alguma) não hesita em mudar o sexo. Assim é que *La prisonnière* era de fato um prisioneiro, chamava-se Agostinelli, inscreveu-se na aviação como o nome de Marcel Swann e morreu de um desastre aos 26 anos.

As "Jeunes filles en fleurs" não passam de "jeunes garçons en fleurs".

Compreende-se como deve ter sido violento o embate de suas tendências contra as imposições sociais, sua retração completa e encerramento no universo interior. Enquanto a mãe estava viva, manteve certo equilíbrio de espírito que lhe permitia freqüentar a sociedade. Como compensação à preguiça, atirou-se a Ruskin penetrando-lhe as idéias a fundo. Em 1904 traduziu a *Bíblia de Amiens*; em 1906, *Sésamo e os Lírios*.

O que saberia a mãe da parte oculta de sua vida e de que modo a encararia? Mais uma vez é Henri Massis que parece estar com a verdade, mostrando o que há de revelador na própria obra. Para ele o trecho de *Du côté de chez Swann* (p. 138) é uma confissão disfarçada. Trata-se dos últimos anos de vida do pobre Vinteuil, em que o velho músico tem conhecimento das relações de sua filha com a amiga, e acaba por morrer de pesar, sem que a adoração por ela diminua. "Il les connaissait, peut-être même y ajoutait-il foi. Il n'est peut être pas une personne, si grande que soit sa vertu, que la complexité des circonstances ne puisse amener à vivre un jour dans la familiarité du vice qu'elle condamne le plus formellement"[12].

Anne Marie Cochet, em *L'âme proustienne* escreve também: "le double fantôme de Mlle Vinteuil et son amie, double présence invisible et lancinante, un dédoublement de lui même, symbole de sa conscience tombée, de son remords, de sa rédemption cherchée dans l'art"[13].

Em várias passagens da obra ele deixa consignada a impressão de ter assassinado a mãe (que é substituída pela avó nas cenas da morte) e Albertine, ou de alguma forma ser culpado da morte delas. Este é um ponto curiosíssimo, a ser estudado pela Psicanálise.

Em 1905 Mme. Proust morre, causando-lhe o maior choque da vida. Haveria de sentir sua falta sempre, segundo as "intermitências do coração". Abandona o apartamento deserto e vai se instalar no Boulevard Haussmann, do qual só sairá para morrer na rua Hamelin.

Aqui os incidentes temporais de sua existência praticamente findam. Encerrado no quarto forrado de cortiça, janelas fechadas, protegido contra todos os odores, todos os ruídos, todas as luzes do exterior, no espesso nevoeiro das fumigações das ervas, ele passa a viver na duração, colorindo as paredes com as cenas do tempo perdido, como o diorama de Golo e Genoveva de Brabant em Combray:

Ombre
née de la fumée de vos fumigations,
le visage et la voix

---

12. "Ele as conhecia, e talvez mesmo acreditasse nisto. Talvez não exista uma pessoa, por maior que seja a sua virtude, que a complexidade das circunstâncias não possa levar a viver um dia na familiaridade do vício que ela condena-o mais formalmente".

13. "O duplo fantasma da senhorita Vinteuil e de sua amiga, dupla presença invisível e lancinante, um desdobramento de si mesmo, símbolo da queda de sua consciência, de seu remorso, de sua busca de redenção na arte".

TEMPO DE *CLIMA*

mangés
par l'usage de la nuit[14]...

Aí escreverá durante 48 horas e dormirá em seguida outras tantas. Aí receberá os amigos, para um quarto de hora de conversação, que a asma não lhe permite mais, retendo-o quatro horas junto à cama...

Vestir-se-à, ajudado pela fiel Céleste, para sair à noite no táxi do marido dela, Odilon Albaret, desde as 10 horas à sua disposição.

Vai ao Ritz, ao Wéber, ou ao "Réservoirs" de Versailles, onde oferece estupendos jantares aos amigos. Permanece após a saída de todos para conversar com os criados, que ocupam lugar de destaque em sua obra. Freqüenta alguns salões, assiste algumas festas.

O verão passa-o em Cabourg ou Trouville, que se fundirão com outras cidades ainda para dar Balbec. A pouco e pouco vai se fechando cada vez mais em casa. Sai tão somente para obter informações para a obra, sua preocupação única. A idéia da morte o ferrotoa agudamente, impelindo-o a dar ao mundo uma visão particularíssima das coisas, a penetrantíssima observação que a guiou, a poesia poderosamente evocativa que a espiritualiza, o universo agitado, grotesco e doloroso que fez sair das trevas como Balzac – enfim, na palavra de Ramon Fernandez, sua "mensagem". Aqui chegamos ao ponto crucial de sua vida, à sua atitude mais característica, que passará à posterioridade. Necromante fabuloso que ressuscita os cadáveres dos sonhos, como escreveu Léon Pierre Quint, no ambiente misterioso de fumos e vapores de seu quarto solitário, doente imaginário e real ao mesmo tempo, como a tia Léonie, é assim que o evocamos, de preferência ao adolescente sensível e ao jovem dândi brilhante.

Benjamin Crémieux em *XXᵉ Siècle* observou muito bem:

les longues journées de solitude, les interminables nuits d'insomnie passées par Proust, dans sa chambre de malade ont favorisé cette domestication de l'inconscient. Les assoupissements, les rêves, les cauchemars, les brusques réveils où la vie de l'esprit et la vie ambiante fusionnent, mêlant le songe et le réel, *détruisant les limites entre le songe et le réel,* ont fourni a Proust un champ d'étude et d'observation illimité[15].

14. "Sombra nascida da fumaça de suas fumigações, o rosto e a voz devorados pelo desgaste da noite".

15. "Os longos dias da solidão, as intermináveis noites de insônia passadas por Proust em seu quarto de doente favoreceram esta domesticação do inconsciente. Os cochilos, os sonhos, os pesadelos, os bruscos dispertares onde a vida do espírito e a vida do ambiente se fundem misturando sonho e realidade, destruindo os limites entre o sonho e a realidade, forneceram a Proust um campo de estudo e de observação ilimitado".

PROUST

Neste trecho tão exato não aceitamos apenas a palavra domesticação. Trata-se, ao contrário, de libertação do inconsciente. Aquilo que Freud chamou "exame da realidade" surge relativamente tarde na criança. Anteriormente ela principia por passar pela fase, chamada por Federn "eu egocósmico". Para caracterizar essa fase, vamos buscar um exemplo na autobiografia de Léon Tolstói, em que a prodigiosa memória do romancista russo retraça uma cena anterior ao primeiro aniversário. Estava no banho e fazia ondular com as mãos a água quente, perfumada de feno. Súbito a mão encontra a borda brilhante da banheira, que lhe apraz acariciar, sentindo-a como se fosse o próprio corpo. Mais tarde, ante os estímulos sensoriais interiores, como seja a fome, a criança busca satisfação por via alucinatória. Não é senão depois de certo aprendizado que ela consegue distinguir as próprias alucinações dos fatos reais. Movendo a cabeça, ou fechando os olhos, se elas persistem é que nasceram do próprio eu.

Proust, depois da morte da mãe, parece ter regredido parcialmente a esta fase, como no processo inicial das esquizofrenias. Para se ter idéia de como este acontecimento é responsável pelo bloqueio de seus instintos, basta ler o conto "Les sentiments filiaux d'un parricide" ("Pastiches et Mélanges"), escritos nessa época onde a angústia do sentimento de culpa e de divisão interior atinge a intensidade de um trecho de Dostoiévski.

Essa, a única razão que o levou a abandonar o mundo e a encerrar-se em si mesmo. A própria asma recrudescente, talvez tenha a mesma origem. Discordo de Léon Pierre Quint, que vê na primeira parte de sua vida a preparação para a segunda. Seria assemelhá-lo ao romancista que passeia pelos salões de Mme. de Saint-Euverte, monóculo atarraxado ao olho, rolando os erres: "J'observe". A própria intenção de pesquisa falsearia a impressão, ou pelo menos lhe daria tom diverso. A gratuidade e ausência de hierarquia de valores entre as observações que ora recaem sobre o modo de saudar de Mme. de Marsantes, ora sobre tenuíssimo matiz de sentimento, bastam para afastar essa suposição. Evidentemente de sua frequentação dos salões recolheu amplo material. Mas fê-lo por essa tendência de espírito tão judia de dissecar as coisas, tique psicológico que se manifestou desde criança, sem saber ainda de que modo se utilizar do fundo de suas pesquisas. Só se explica a retirada pelo desânimo de viver que o acometeu depois do doloroso acontecimento.

Daí em diante os únicos incidentes exteriores que lhe importam são os trâmites da publicação dos livros. Depois da dificuldade de fazer aparecer *Du côté de chez Swann* que tantos editores recusaram, que veio à luz afinal às custas dele, apadrinhado por Grasset, a apresentação de *A l'ombre des jeunes filles en fleurs* ao prêmio Goncourt, os insucessos iniciais, o triunfo afinal, a glória nascente...

No meio de tudo isso a guerra, que apenas o interessou como modificadora do meio social, consagrando a ascensão de Mme. Verdurin, patrocinadora dos bailados russos. Depois os cuidados de correção de provas de *Le côté de Guermantes* e de *Sodome et Gomorrhe* (1922), enquanto escrevia os restantes volumes.

A "Wille zur Krankheit", o cultivo da doença que desde criança explorara com êxito, reaparece com maior intensidade, não mais para obter os carinhos da mãe, desaparecida, ou dos amigos, mas como desejo sincero de aniquilação. Encontramos já em 1896 em *Les plaisirs et les jours*:

À l'abri des intempéries de la vie, dans cette propice atmosphère de douceur ambiante, de calme force et de libre méditation, avait obscurément commencé de germer en lui le désir de la mort. Il était loin de s'en douter encore, et sentit seulement un vague effroi à la pensée de recommencer à essuyer les coups dont il avait l'habitude, et de perdre les caresses dont il était entouré. (Mais adiante) ... il y avait longtemps qu'il s'était déshabitué du bât de la vie, il ne voulait plus le reprendre[16].

Quando escreveu a palavra "Fin" no vigésimo caderno de *À la recherche du temps perdu* já morrera, no seu espírito. Nem mesmo quis ficar para refundir o restante da obra. No inverno de 1922 apanhou uma pneumonia. O organismo debilitado pelo regime alimentar insuficiente, pelos medicamentos que o adormeciam, pelos excitantes que lhe permitiam escrever dois dias em seguida, não mais reagia. Recusou-se a receber qualquer médico ou sequer tratar-se. O próprio irmão, dr. Robert Proust, que forçou a entrada do quarto foi repelido violentamente e não obteve o menor resultado. Só nos últimos dias foram-lhe ministrados cuidados da medicina, porém demasiado tarde. Sentindo aproximar-se a morte ditou algumas impressões destinadas a completar o trecho "la mort de Bergotte".

16. "Ao abrigo das intempéries da vida, nesta atmosfera propícia de doçura do ambiente, de força calma e de livre meditação, havia obscuramente começado a nele germinar o desejo de morte. Ele ainda estava longe de perceber, e sentia apenas um vago temor diante do pensamento de recomeçar a absorver os golpes hábito que ele havia perdido e de perder as carícias das quais estava cercado (...) havia muito tempo que ele se desabituara do fardo da vida, ele não queria mais retomá-lo".

Em 18 de Novembro de 1922 faleceu, com a maior serenidade, perfeitamente lúcido. Encontraram-lhe nas mãos um papel manchado de remédios com o nome de Forcheville. Que desejaria dizer?

Forcheville é aquele homem que expulsou cruelmente o pobre Saniette da casa dos Verdurin, que se tornou amante de Odette fazendo sofrer Swann, que se casou com ela depois de sua morte. É a mediocridade, a brutalidade, a ignorância, mas servidas por ação pronta e sem escrúpulos, que triunfa sempre. Enfim, exatamente o contrário da personagem do narrador que em *Albertine Disparue* é chamado Marcel. Que tenha pensado nele na hora da morte é fato singular que abre campo a toda sorte de suposições.

2. A Obra

Já em 1922 Paul Souday escrevia que comparar Proust a Saint-Simon e Montaigne era um lugar comum. Hoje a chapa favorita é lançada por Crémieux, que encontramos no Sr. Jorge de Lima, numa fórmula simplória – "Proust é Wagner direitinho". Evocam-se ainda Balzac e Stendhal; em pintura apela-se para o Impressionismo. Eu mesmo, para escrever estas linhas, em notas esparsas, estendera-me longamente comparando *À la recherche du temps perdu* com uma catedral barroca – a mesma harmonia de conjunto, a mesma superabundância de ornatos e minúcias atingindo o equilíbrio no extremo limite do caos, o ilusionismo, o *agencement*, o arranjo calculado de todas as partes, até os mínimos pormenores, em vista do todo... Quando compus a versão definitiva nada disso me satisfez.

Sem dúvida, certas descrições de festas, a obsessão da nobreza, a atenção voltada para os atos pequeninos e significativos que explicam em grande parte as personalidades, outros tantos traços que os comentaristas não se cansam de salientar, o aparentam a Saint-Simon. Mas o espírito que anima Proust é muito diferente. Para o fidalgo do século XVIII a Corte era o centro vital e intelectual do país. Através da frivolidade dos salões, da aparente gratuidade dos atos dos grandes senhores, de todos os que se aproximavam do rei, parecendo unicamente ocupados de questões de hierarquia nobiliárquica ou com os próprios prazeres, debatiam-se os interesses primordiais da nação francesa. Decidia-se não só aquilo que dizia respeito à política, como operações militares e fatos relativos à vida do espírito.

A discussão, hoje mesquinha, da preeminência de colocação de carruagem, tinha importância, pois era índice do poder que cada qual possuía.

TEMPO DE *CLIMA*

Enfim, um organismo ainda vigoroso e em pleno funcionamento, eis o que deixou retratada sua espantosa observação.

Bem diferente se apresentava a sociedade para o dândi do século XIX. Subsistem os órgãos, mas desaparecem as funções. A atmosfera é de irritante ‾esnobismo, de agitação estéril de parasitas, cujo centro de interesse na vida é ser admitido em dados salões ou excluir de seu próprio todos os que não tinham títulos retumbantes (de fidalguia ou quaisquer). A impressão que se tem é semelhante à dos presépios mecânicos, popularíssimos na Rússia, e que tanto inspiraram os balés. Ao som da caixinha de música desenrola-se o cortejo das personagens com suas mesuras e movimentos vários. Cessa a música – por um momento elas desfilam paradas. Nesta suspensão do tempo, pode-se então observá-las bem em seus traços marcantes.

Depois o mecanismo faz ouvir nova ária que as põe de novo em movimento.

Da pouca leitura que tive de Montaigne colhi impressão bem diversa da de Proust. A similitude indicada por Pierre Abraham, da inquietação de espírito (atribuída à ascendência judaica – a mãe de Montaigne, Lopez, e a mãe de Proust, Weil), de "pensée qui s'essaye" (pensamento que se experimenta) não me parece tão flagrante. Há de fato "ensaio" em Montaigne, esforço explorador do espírito, que tateia todos os terrenos e se lança em todas as direções, com a formidável curiosidade do humanista da Renascença. Proust cada vez mais se isola do exterior para focalizar o próprio *eu*. Ambos se aparentam pela grande riqueza de vida interior. Há uma frase de Montaigne que Proust também poderia assinar: "Les autres vivent en dehors; moi, je me roule en moi même"[17]. Mas no primeiro o sentido desta vida é centrífugo, isto é, tem o interesse apesar de tudo ainda voltado para o exterior, e no segundo é centrípeto, mergulha cada vez mais em si mesmo.

Tristão de Ataíde faz ressaltar o parentesco com Maine de Biran. Outros, com Amiel. Creio que em tudo isso há muita vontade de fazer paralelo literário. É bem diverso de Proust o calvinista Amiel, cuja obra tem como eixo o problema moral, embora em ambos, afora o diálogo interior, haja aquele traço que Marcel apontava em Mme de Sevigné (*A l'ombre des jeunes filles en fleurs*) ou seja, a descrição da paisagem segundo a ordem de impressões e não ordem lógica.

Quanto a Maine de Biran, um estudioso como o sr. Tristão de Ataíde pode encontrar muitos textos coincidentes. Com um pouco mais de esforço,

---

17. "Os outros vivem para fora; eu giro em torno de mim mesmo."

todos os místicos, todos os que cultivaram a vida interior poderiam ser chamados à comparação.

Os aspectos balzaquianos se fazem bem notar, embora não se prendam à essência da obra, ao contrário. É na medida que Proust se apega ao exterior, que liga intrigas complexas, que faz agir paixões dominantes (sobretudo o amor e o esnobismo) que lembra Balzac. *Sodome et Gomorrhe – II* é a parte mais próxima da Comédia Humana, aliás, a mais fraca.

As analogias encontradas com Wagner e os impressionistas, ao meu ver, são também superficiais. Os temas condutores em *A la recherche du temps perdu* surgem com suavidade e desaparecem sem os entrechoques e lutas da ópera wagneriana. Não há um tema que prevaleça esmagando os outros no final, como o da "Destruição de Walhala" na tetralogia. Em *Le temps retrouvé* todos os temas se fundem lembrando mais o final de sinfonia cíclica, a que Crémieux também o compara, com maior felicidade. Quem mais me evoca Proust, em música, é Debussy.

Os pontos de referência com arquitetura e pintura não devem também ser tomados em conta, não por falsos, mas por pouco profundos. Todas estas comparações são explicáveis em vista do esforço de compreendê-lo. Ante a novidade poderosa da obra, os espíritos desnorteados procuram em autores anteriores e em outras artes aspectos semelhantes, o repouso do já visto. Atualmente louvamos esse trabalho que permite salientar a grande originalidade da obra que estudamos.

Na realidade, Proust é essencialmente literário. Como o Jean Christophe de Romain Rolland, músico-nato que todas as impressões procurava traduzir musicalmente, assim ele, desde o instante em que os campanários de Martinville se lhe estamparam na retina, sentiu um obscuro apelo que o levava a buscar, com ânsia, a expressão das misteriosas revelações da arte, nas palavras. A palavra foi o seu verdadeiro material, com o qual trabalhou com verdadeiro amor, com o entusiasmo fanático de um pintor da Renascença. Em carta a Gaston Gallimard, em 1919, diz:

> Cher ami et éditeur vous paraissez me reprocher mon système de retouches (...) Mais quand vous m'avez demandé de quitter Grasset pour venir chez vous, vous le connaissiez, car vous êtes venu avec Copeau qui devant les épreuves remaniées de Grasset s'est écrié: – Mais c'est un nouveau livre![18]

> 18. "Caro amigo e editor parece que você reprova meu sistema de retoques (...) Mas quando você me pediu para deixar Grasset e vir consigo, você já sabia disto, porque você veio junto com Copeau, o qual diante das provas remanejadas de Grasset exclamou – Mas se trata de um novo livro!"

TEMPO DE *CLIMA*

Conseguiu com ela traduzir sentimentos que já quase atingiam o ultra-violeta ou infra-vermelho do espectro afetivo.

O estilo, um dos mais originais de toda a língua, plasma-se às necessidades de expressão as mais variadas, sem nada perder do seu cunho único (para dar idéia dele sou obrigado a usar de imagens que não me satisfazem). Se descreve a igreja de Balbec, as frases se ordenam segundo certo equilíbrio de massas. Para nos sugerir um quadro de Elstir, tritura, pulveriza os vocábulos, espalhan-do-os em grandes manchas irisadas como as de asas de borboleta. Na sonata ou septeto de Vinteuil, torna-se misterioso, evocativo, espalha-se em lagos de melodia. Quando tomado de verdadeira ânsia de autodefinição, procura sur-preender em flagrante o mistério da vida psíquica, liga-se em associações que se prolongam em períodos de páginas, cruzando-se e recruzando-se como sistema fluvial subterrâneo, repontando aqui ou além.

Não nos iludamos, no entanto, com essas metáforas. É exatamente por ser um puro escritor que ele não tem medo de tentar a exploração de mani-festações diversas de arte. Apesar de todos os aspectos que empresta às outras artes, é literatura pura, no sentido da beleza resultar do esforço de penetração da inteligência, de interpretação em termos inteligíveis das reali-dades que a sensibilidade atinge. Aliás, ele procura dar impressão de outras obras de arte já realizadas.

Não quero aqui focalizar o problema tão delicado de relações entre for-mas diferentes de artes. Mas existem em outros escritores trechos que pare-cem bem mais próximos de música, pintura... Nesse extraordinário *Le grand meaulnes* há passagens como o das crianças vendo o ferreiro trabalhar, que se realizam plenamente no campo da visão. Desde o simbolismo, vários são os poemas em que as palavras têm valor musical ou outro qualquer fora do sentido lógico.

Tudo isso supõe o abandono à sensação pura, atingindo-se uma zona sem delimitações marcadas, onde verdadeiramente – "les parfums, les couleurs et les sons se répondent"[19]. Nunca a inteligência se ausenta de sua obra. Embora haja de fato momentos em que os objetos mais familiares sofrem transmutações de grande poesia pelas sugestões do inconsciente.

Este aspecto surrealista, tão bem analisado por A. Germain – "De Proust à Dada" (cujas restrições me parecem injustificadas na maioria das vezes) trouxe-nos ao espírito alguns conceitos do professor Alfred Bonzon no artigo "Corot, le vrai surréaliste", publicado em *Cent cinquante années de peinture*

---

19. "Os perfumes, as cores e os sons se respondem".

française. Como Corot, Proust dá grande força a essas incursões no mundo do sonhos pela base real que lhe serve de apoio.

Por exemplo, a representação da Berma, assistida pela princesa de Guermantes e outras damas (*Le côté de Guermantes*). Começa por descrever a sala em sua face vulgar, quotidiana. De repente a visão das frisas onde estão as jovens senhoras, emergindo da escuridão, quando se inicia o espetáculo, atua sobre o seu espírito como o corte das amarras de um balão. Passa a vê-las como se fossem deidades marítimas, mergulhadas num fluido de penumbras, os bustos, apenas, surgindo semi-nus. De todo o trecho maravilhoso que se segue, o impulso inicial foi a palavra *baignoire* tomada em sentido próprio[20].

Muitas vezes há simultaneísmo entre diversos planos que se fundem, se separam, coexistem paralelamente, combinam-se obedecendo a hábil contraponto. Sim, contraponto, antes de Huxley se utilizar da expressão nova para designar o processo, que já aparece perfeito em Proust. (Aliás, o ódio de Anthony em *Eyeless in Gaza* é porta-voz do despeito do autor que, como profundeza de análise e perfeição artística, nunca se lhe pôde comparar).

Quanto a esta técnica de apresentar um tema ainda apagado, delineando-se apenas, que é abandonado, depois retomado enriquecido de novas descobertas, desaparecendo de novo, para outra vez voltar no esplendor da plenitude, já se tornou lugar comum salientar as relações que tem com a exposição musical. Mas, a meu ver, tem-se insistido demais nesse confronto. Um pintor que traçasse os primeiros esboços e depois fosse completando ora uma, ora outra figura, poderia também servir de ponto de comparação. Não procedia de outro modo Rembrandt. O que é extraordinário em Proust é o vigor e veracidade dos primeiros bosquejos. Por exemplo, a primeira aparição de Charlus em *À l'ombre de jeunes filles en fleurs*. Já nela se contém tudo quanto será desenvolvido mais tarde. Com as palavras mais simples, sem nenhuma imagem rara, ou preciosidade de que tanto o acusaram, ele apresenta figura de uma realidade profunda, atrás da qual se adivinha o mistério de uma alma humana.

O poder de evocação dessas linhas me lembra de novo Dostoiévski, ou o próprio Rembrandt, citado acima. Surge-me no espírito, mesmo, um rápido escorço do grande mestre holandês, representando o arrependimento do filho pródigo. Ao todo cinco traços – um braço que se dobra mascarando um rosto, do qual se vêem a linha do perfil e um olho. Entretanto, dessa folha de

---

20. Ruy Coelho alude ao duplo significado da palavra *baignoire*, que pode ser "banheira" ou "frisa de teatro".

TEMPO DE *CLIMA*

papel rabiscada a carvão desprende-se um fluido misterioso, alma própria que a faz entalhar-se na memória para sempre. Os grandes artistas, quando chegam a esse completo domínio dos meios de expressão, é do modo mais simples que nos revelam o gênio. Em certas passagens de *À la recherche du temps perdu* parece que em lugar de procurar as palavras elas vêm se colocar naturalmente sob sua pena, obedecendo a poder mágico.

A técnica da sinfonia cíclica não lhe serve, na maioria das vezes, para passar do real ao onírico, é exatamente o inverso. No início da obra as coisas se lhe apresentam incertas, envolvidas num nevoeiro poético (embora a primeira visão seja sempre verdadeira, mercê de dons intuitivos). Cada vez focaliza melhor o objeto e se aproxima mais. Cada vez mais se lhe impõe a realidade brutal e decepcionante.

Ora, esta marcha do vago para o preciso, o real, que é sempre grotesco ou trágico, é um processo humorístico por excelência. Bergson em *Le rire* propunha como causa do fenômeno a descoberta da mecanização da vida. Exato, mas superficial e vago, como quase tudo em Bergson. Esta mecanização da vida só provoca o riso quando se revela inadaptada à situação. Foi Freud que, completando e esclarecendo esta idéia, lançou a mais segura e interessante teoria a esse respeito. Segundo ele, o prazer humorístico resultaria de economia de força psíquica – quer pelo levantamento de uma barreira, permitindo a expansão da animosidade contra o pai ou seus representantes (mestres, autoridades diversas) ou tendência sexual, o que constitui o espírito agressivo ou obsceno; quer fazendo apelo a um sentimento de piedade ou outro e dando-lhe por alvo um aspecto cômico (humor propriamente dito).

Poder-se-iam encontrar em Proust inúmeras passagens ilustrativas dessa teoria freudiana. Já no nível puramente vocabular encontramos os ditos de Françoise: "du jambon de New-York" por "du jambon de York"[21] ou do ascensorista de Balbec: "Mme. de Camembert" por "Mme. de Cambremer"... Pelo desenrolar dos acontecimentos ele é mais humorístico que cômico, no sentido do superego tomar atitude crítica diante das personagens e considerar suas desgraças como provenientes de inabilidade infantil. Nesse passo, a quem se assemelha mais é a Machado de Assis.

Sem dúvida a analogia não é muito rigorosa. Mas em ambos se respira o mesmo clima de desencanto ante as coisas, da mosca azul "rota e baça", da

---

21. "O presunto de New York" por "presunto de York".

PROUST

desproporção entre as esperanças e as realizações, da retração diante da dureza dos golpes da vida. O mesmo amor ao passado, a mesma evocação saudosa dos velhos lugares desaparecidos. D. Casmurro, quando manda pintar a casa exatamente como a residência de sua infância, tem um desejo semelhante de reconquistar o "tempo perdido", ou, como dizia, unir as duas metades da existência.

São dois adolescentes demasiado sensíveis que a brutalidade do mundo feriu profundamente. Mas o pobre moleque, vendedor de balas nos bondes do Rio, conheceu desde cedo o sofrimento. Daí nunca ter se iludido completamente quando a sorte o afaga, pois lhe conhece a inconstância. Quando algo de mau acontece, o pessimismo nativo fá-lo encontrar obscura satisfação. Segue do alto as aventuras das personagens, mas prevendo o desenlace. Sabemos previamente que Rubião, apesar de vencedor, não terá as batatas. Não sentia-se bem com os criados estrangeiros; sua alma não era feita para a alegria. Bento, também, não tem momentos de felicidade, ou estes são tão breves que não marcam. A desgraça não os surpreende. Tentam lutar contra ela, esboçam gestos cômicos de que se ri o seu criador. Mas é um riso doloroso, do qual minam as lágrimas interiores, pois estes míseros fantoches são a carne de sua carne. Aliás, esta agitação angustiosa do homem que procura fugir à condição humana não tem importância, para o ponto elevado em que se colocou o "superego":

É bem, qualquer que seja a solução, uma coisa fica e é a suma das sumas, ou o resto dos restos, a saber, que a minha primeira amiga, e o meu maior amigo, tão extremosos ambos e tão queridos também, quis o destino que acabassem juntando-se e enganando-me (...) A terra lhes seja leve!

Vamos à *História dos Subúrbios*:

Eia! Chora os dois recentes mortos se tens lágrimas. Se só tens risos, ri-te! É a mesma coisa. O Cruzeiro, que a bela Sofia não quis fitar como lhe pedia Rubião, está assaz alto para não discernir os risos e as lágrimas dos homens.

Resignação completa. Vemos o funcionário público de carreira exemplar, tendo uma companheira fiel e os amigos – conseguir o seu *bonheur lyrique*[22],

22. Referência ao poema de Bandeira "Bonheur Lyrique" (Felicidade Lírica), escrito originalmente em francês: "Coração de tísico / ó meu coração lírico / Tua felicidade não pode ser como a dos outros. / É preciso que fabriques / Uma felicidade única / Uma felicidade que seja como o lamentável 'lustucru' de pano de uma criança pobre / – Feita por ela mesma".

TEMPO DE *CLIMA*

como este meu caríssimo Manuel Bandeira cuja criança também brinca com o *piteux lustucru*, feito por ela mesma, que lhe serve de boneca.

O delicado Proust gozou, entretanto, longamente do calor e luz da lareira e do conchego carinhoso do seio materno. Só, no meio das trevas e do frio, sentindo os ventos cortantes da tempestade, revoltou-se. Donde o caráter muito mais violento do seu niilismo. Enquanto Machado de Assis tem, por vezes, a ternura de Dickens ou a ironia leve de Anatole France, ele é feroz como Swift. Diferente deste, não procura derrubar uma ordem de coisas, para substituir por outra. É a destruição pura. Quando após a morte da mãe ele abandona o ideal de inocência infantil e não se opõe mais às próprias tendências, a sua livre manifestação não o satisfaz. A figura materna, fixada no inconsciente sob forma de "superego", o impele à atroz autopunição. O encarniçamento com que persegue Charlus, que no fim da obra aparece octogenário, de cérebro mole, correndo atrás dos *grooms* nos corredores dos hotéis, longe de ser humorístico é terrificante. Como nota muito bem Pierre Abraham, o demasiado impulso dado à intenção cômica fê-la ultrapassar a meta e cair no trágico.

De todo o processo de análise e dissolução a que Marcel – o narrador do livro – submete o mundo, só uma coisa escapa: a arte. Influenciado por Ruskin e por Bergson, viu nela a única realidade, o último ideal que valia a dedicação de uma existência. Ruskin, principalmente, parece ter tido uma importância capital na formação de suas idéias. Conhecendo pouco o inglês, traduziu-lhe as obras, com ajuda contínua do dicionário. Por amor dele realizou as "peregrinações ruskianas", visitando as igrejas da França e, fraco e preguiçoso como era, subindo-lhe aos torreões. Não viu nele apenas o apóstolo da religião da beleza. No segundo prefácio da *Bíblia de Amiens* ele combate este ponto de vista exclusivo. Além da concepção da santidade da arte e da missão do artista deu-lhe o autor de *Sésamo e os Lírios* a crença na visão artística como revelador de verdades superiores. Foi o filósofo inglês que o encorajou na própria senda, desvendando-o a si mesmo, mostrando-lhe os deveres do artista para com a própria visão original, que deve ser traduzida com fidelidade, o respeito e amor aos materiais de que se serve, o dever de ser honesto e digno como a própria arte. Deu-lhe também a compreensão da arquitetura, uma das faces de seu gosto finíssimo e polimórfico.

É nesta posição estética que se encontra com Bergson. Vêm-me ao espírito passagens do *Essai sur les données immédiates de la conscience* e *Matière et mémoire* onde se distingue a noção vulgar das coisas forçosamente falsa, porque feita do tecido de nossos hábitos, cingindo-se às necessidades práticas e à contemplação artística desinteressada, única capaz de quebrar a crosta do cotidiano e surpreender cintilações do *eu profundo* e das realidades exteriores. Encontra-se em Proust, na obra toda, esta oposição entre o modo de se comportar em sociedade e o que somos realmente. Isto envolve as considerações bergsonianas do tempo social e da duração interior, pedra angular de *À la recherche du temps perdu*.

Na condenação da vida gasta no tempo exterior encontra um vigor de Pascal. Mas o *divertissement*, a distração voluntária, não é o que desvia o homem da mediação de seus problemas eternos, mas o que o afasta da obra, compreendido este termo na acepção teológica, segundo era empregado nas polêmicas com Lutero, por exemplo, como muito bem assinalou Bernard Grasset na carta-prefácio ao livro de Henri Massis. São estes os pontos de contato com Bergson.

Embora se tenha insistido demais sobre eles, aparece-me com maior nitidez o que os separa. A solução do problema do conhecimento em Proust o aproxima claramente dos Renouvier, Brunschvicg, *et caterva*, ou seja, dos racionalistas, adversários ferrenhos de Bergson. Como eles, acreditava numa consciência hipertrofiada, povoada de categorias do espírito, dados a *priori* da sensibilidade, todas as entidades kantianas, mais as introduzidas pelos discípulos e continuadores. Este complexíssimo aparelho de inspeção do universo acaba apenas registrando as imagens que ele próprio emite.

O que podemos, então, saber do mundo exterior? Quem era Swann? A família de Marcel o via como o filho do velho Swann que lamenta a morte da esposa "souvent, mais pas à la fois"[23], agente de câmbio enriquecido que abandonou a profissão e vive luxuosamente. Para outros era o ilustre Charles Swann, grande entendedor de pintura, amigo íntimo do Conde de Paris e do Príncipe de Gales. Cada qual admira nele as qualidades que lhe atribui, "injetando-as sob a pele do rosto". Além da diversidade especial das noções, à medida que a trama do entrecho se desenrola, a farândula das personagens cruza e recruza sob os nossos olhos cada vez com aspecto fundamentalmente diverso. ("Mes personnages feront dans la seconde partie du roman exactement le contraire de ce que l' on s'attendait d'eux d'après la première"[24] – *Correspondance générale*, vol. II).

23. "Com freqüência, mas não simultaneamente".

24. "Meus personagens farão na segunda parte do romance exatamente o contrário daquilo que deles se esperava com base na primeira".

TEMPO DE *CLIMA*

À primeira vista tem-se impressão de progresso no conhecimento. Vamos arrancando as máscaras às figuras. A variedade de pontos de vista talvez corrija a observação, permitindo-lhe eliminar os elementos subjetivos. Vemos, então, que o que impulsionou todos é a satisfação das tendências instintivas.

Embora seja o núcleo mesmo da personalidade, quando trabalhada pela memória, a vida afetiva para Proust não forma um todo coeso, coerente, tendo metas bem determinadas. Varia ao sabor do acaso. Um pedaço de bolo mergulhado em tisana de tília é suficiente para evocar toda a infância. Um desnível de pavimentação que o seu pé percebe o transporta a Veneza.

Estas recordações involuntárias, para muitos influência de Bergson, são, na realidade, inteiramente contrárias às suas concepções. Na entrevista publicada em: *Le temps*, de 1913, que Sybil de Souza publica em *La philosophie de Marcel Proust* vemos que o romancista não tinha conhecimento das duas formas de memória, como aparecem em *Matière et mémoire*. Disse textualmente: "(...) car mon oeuvre est dominée par la distinction entre la mémoire volontaire et la mémoire involontaire, distinction qui ne figure pas dans la philosophie de M. Bergson mais est même contredite par elle"[25]. Aliás em Bergson o *souvenir spontané* tem papel apagado e é mesmo perigoso para a vida mental. O instrumento da energia intelectual é o esquema-motor. A criatura inflada pelo "élan vital" tende a prosseguir na marcha, procurando se desfazer dos destroços da experiência anterior, que persistem sensorialmente no espírito, perturbando-lhe a ação. "Mon présent est ce qui m'interésse, qui vit pour moi et, pour tout dire, ce qui me provoque à l'action, au lieu que mon passé est essentiellement impuissant"[26] (*Matière et mémoire*).

Em *Le temps retrouvé* aparecem as personagens vistas como sobre enormes ondas – os anos de sua vida:

[...] dès qu'il (o duque de Guermantes) s'était levé et avait voulu se tenir debout avait vacillé sur ses jambes flageolantes comme celles des vieux évêques sur lesquels il n'y a de solide que leurs croix métalliques et vers lesquels s'empressent les jeunes séminaristes, et ne s'etait avancé qu'en tremblant comme une feuille sur le sommet peu praticable des quatre-vingts trois années, comme si les hommes étaient juchés sur de vivantes échasses grandissant sans cesse, parfois plus hautes que des clochers,

25. "(...) porque minha obra é dominada pela distinção entre a memória voluntária e a memória involuntária, distinção que não se encontra na filosofia de Bergson mas sim até negada por ela".

26. "Meu presente é aquilo que me interessa, que vive para mim e, para ser sincero, aquilo que me impele para a ação, enquanto que meu passado é essencialmente impotente".

PROUST

finissant par leur rendre la marche difficile et périleuse, et d'où tout d'un coup ils tombent.[27]

Concepção de tempo espacializado, nitidamente antibergsoniana. Cada porção do passado, em lugar de ser assimilada, refletida, formar parte integrante do psiquismo, fica solta, sem emprego. Quando evocada, como um frasco destapado, faz reviver toda a situação emotiva que a animou, permitindo pela tonalidade afetiva reconhecer a camada psíquica a que pertence. Este interesse geológico é o único que pode inspirar.

Todas as figuras parecem construídas segundo o modelo do narrador. São sempre os mesmos adolescentes não evoluídos, ou neuropatas, que não conseguiram fazer a síntese da personalidade, impor-lhe a disciplina da razão. São os joguetes das forças inconscientes – os instintos, na maioria condenados pela sociedade – procurando manifestar-se a todo custo, criando as grandes intrigas, os dramas: de outro lado, o "superego", terrível, com o qual se buscam compromissos que se quer iludir ou acalmar, inspirador das punições mais variadas.

Essa desarticulação interior se patenteia na famosa passagem "as intermitências do coração". Tudo se cifra afinal na indiferença com que acolheu a morte da avó, e na grande emoção que ressente no Hotel de Balbec quando, por circunstâncias exteriores, sua imagem aflora à consciência com toda a nitidez (*Sodome et Gomorrhe* – II). Dela transcrevemos:

À n'importe quel moment que nous la considérons, notre âme totale n'a qu'une valeur presque fictive, malgré le nombreux bilan de ses richesses, car tantôt les unes, tantôt les autres sont indisponibles... Car aux troubles de la mémoire sont liées les intermittences du coeur. C'est sans doute l'existence de notre corps, semblable pour nous à un vase où notre spiritualité serait enclose, qui nous induit à supposer que toutes nos douleurs sont en notre possession perpétuellement. Peut-être est-il aussi inexact de croire qu'elles s'échappent ou reviennent. En tous cas si elles restent en nous c'est la plupart du temps dans un domaine inconnu ou elles ne sont de nul

---

27. "Desde que ele se levantou e quis se manter em pé vacilou sobre suas pernas trêmulas como a dos velhos vigários, nos quais apenas são sólidas as cruzes metálicas e em direção aos quais se apressam os jovens seminaristas e só trêmulo como uma folha conseguiu avançar até o cume tão pouco praticável dos oitenta e três anos, como se os homens fossem alçados sobre pernas-de-pau vivas, que crescem incessantemente às vezes mais altas que os campanários, acabando por tornar-lhes a marcha difícil e perigosa, e de onde de repente eles caem".

39

TEMPO DE *CLIMA*

service pour nous, et où même les plus usuelles sont refoulées par des souvenirs d'ordre différent et qui excluent toute simultanéité avec elles dans la conscience[28].

Estamos em plena psicologia freudiana. Este "domaine inconnu" é nada mais do que o inconsciente. Mas a Psicanálise envida todos os esforços para desfazer esse domínio, integrando no eu as parcelas que lhe escaparam, ou esclarecendo as bases sociais dos recalcamentos, permitindo que se as reforme. O narrador proustiano, ao contrário, procura restringir a parte da vida social, embrenhando-se cada vez mais nas regiões noturnas da alma.

Agora compreendemos os monstros de que está cheia a obra e que Pierre Abraham compara aos bronzes chineses, às esculturas das catedrais da Idade Média, aos quadros de Breughel e Mathias Grünwald. São tipos compostos de pedaços de personalidades diversas, adicionados, colados, que não se fundem, formando um todo entretanto, apesar de fantástico, perturbador e ao mesmo tempo satisfazendo nossa sede de real. Impelidos em direções diferentes simultaneamente, divididos e torturados, cômicos e trágicos, assumem de página em página atitudes as mais contraditórias. São reflexos da desconexão interior daquele que os criou. A concepção que ele tem do amor decorre disto. Como nasce a paixão de Swann por Odete? O momento em que descobre certa semelhança entre ela e a Séfora de Boticelli no fresco da Capela Sistina. Se se tratasse do narrador, com certeza esta minúcia seria esclarecida e se descobriria o motivo inconsciente recoberto por ela.

Porque os amores de Marcel têm fortemente acusados os vestígios edipianos. A mesma atmosfera de angústia, de exigência demasiada e pueril, de espera cheia de ânsia e dor, de ciúme impotente, já se encontra com toda clareza no caso com Gilberte, e em *La prisonnière* é estudada a fundo. Veja-se o que ele próprio constata: "C'était un pouvoir d'apaisement tel (os beijos que Albertine lhe dava à noite, antes de dormir) que je n'en avais pas éprouvé de pareil

---

28. "Não importa em que momento nós a consideramos, nossa alma total tem apenas um valor quase fictício, apesar do numeroso balanço de suas riquezas, pois tanto umas quanto as outras são indisponíveis... Pois aos distúrbios da memórioa estão ligadas as intermitências do coração. É sem dúvida a existência de nosso corpo, semelhante para nós a um vaso no qual nossa espiritualidade estivesse contida, que nos induz a supor que todas as nossas dores estão em nossa posse perpetuamente. Talvez seja tampouco exato acreditar que elas escapem ou voltem. Em todo caso, se elas permanecem em nós, é na maior parte do tempo em uma região desconhecida onde não são de nenhuma serventia para nós, e onde mesmo as mais usuais são recalcadas por outras lembranças de ordem diferente e que excluem toda simultaneidade com elas na consciência."

depuis les soirs lointains de Combray, où ma mère penchée sur mon lit venait me porter le repos dans un baiser"[29]. Mais adiante: "Albertine glissait dans ma bouche, em me faisant le don de sa langue, comme un don du Saint-Esprit, me remettait un viatique, me laissait une provision de calme, presque aussi douce que ma mère imposant le soir à Combray ses lèvres sur mon front"[30]. Noutra página fala das apelações carinhosas que dá a Albertine: "ma petite bécasse", "ma petite oie blanche" – "voici de même que je parlais maintenant à Allertine tantôt comme l'enfant que j'avais été a Combray parlant à ma mère, tantôt comme ma grand mère me parlait[31]" – Ora, a avó é aqui, como em toda a obra, um desdobramento da mãe. O que sabemos com respeito à sexualidade proustiana e à Albertine real, nos faz dar a esse trecho todo o valor psicológico que ele tem.

À medida que prosseguimos na história, vemos que este amor que nasce de um detalhe de importância misteriosa, de uma resistência aos nossos desejos, de um mundo desconhecido a que se pensa ter acesso através da pessoa amada (Verlaine não esperava que Rimbaud lhe revelasse algo novo?) vamos descobrindo que tudo isto também não passa da projeção das nossas aspirações sobre os objetos. A posse ou o tempo trazem o desencanto. Vemos então aquelas pessoas, pelas quais daríamos a vida, idênticas às outras. Só os dias luminosos de Combray e a doce figura materna permanecem inalteráveis.

Todo o resto se esboroou. Que resulta da busca, em 17 volumes, do tempo perdido, que é afinal achado? Os seres, as coisas, todo o mundo exterior nos é inacessível, pois é a projeção de nós mesmos. E nós mesmos não temos maior realidade, pois que somos uns hoje e outros amanhã. Unicamente restam esse fluir das coisas por entre nossos dedos, dissolvidas pelo tempo, alguns aspectos fixados pela memória, tendo unicamente valor estético. É como uma dessas belas caixas japonesas que se dão às crianças; àque-

---

29. "Era um poder de apaziguamento tal como eu nunca havia provado semelhante desde as noites distantes de Combray, nas quais minha mãe, debruçada sobre minha cama, vinha me trazer o repouso com um beijo".

30. "Albertine introduzia na minha boca, ao me fazer o dom de sua língua, como um dom do Espírito Santo, me administrava um viático, me deixava uma provisão de calma, quase tão doce quanto minha mãe impondo à noite em Combray seus lábios sobre minha testa".

31. "minha patinha", "minha pombinha branca" – "eis também que eu agora falava a Albertine ora como a criança que eu fôra em Combray, falando à minha mãe, ora como minha avó me falava".

le que a contempla extasiado parece conter maravilhas. Abre-a. Dentro, outra caixa. Aberta esta, de novo, outra, como continente. Assim por diante, até a última que não contém nada. Desiludido, o petiz consola-se ao menos com as formosas imagens que viu.

3. As Idéias

Existe outra obra, não pertencente à literatura, que chega às mesmas conclusões. É *O Mundo como Vontade e Representação*, de Schopenhauer. De fato, na primeira parte vemos a falência do conhecimento científico, ou seja da "representação submetida ao princípio de razão suficiente". Na segunda a vontade se objetiva, e entra em violento embate com as outras vontades que também se objetivam. Toda a terceira parte é um hino à arte, como contemplação desinteressada das coisas, formando "os raros pontos de refrigério no caminho de brasas que é a vida". Na quarta parte, a vontade, tomando conhecimento dela mesma, aniquila-se.

Sem dúvida a atmosfera de Schopenhauer, vigorosamente torturada, onde a luta e o entrechoque é lei, cujo pessimismo feroz é ainda manifestação de força (e já esboça o otimismo trágico de Zaratustra), é bem diversa do vago nevoeiro, morno e amolentante, da obra proustiana. O que num é explosão, noutro é corroer surdo. Mas existem pontos em que seu modo de pensar coincide exatamente. Assim quando vêem na razão apenas a arma dos instintos, o instrumento mais aperfeiçoado, última encarnação da vontade em sua objetivação. Eis um trecho que frisa esses pontos de contato: "(...) nous avons des songes: la vie tout entière ne pourrait-elle pas être un long rêve? Ou, avec plus de précision, existe-t-il quelque différence entre le fantôme et l'objet réel?"[32] Idêntica é a maneira de apresentar a existência como sucessão de atos cegos e dolorosos porque forçosamente inadaptados aos objetos que visam. Quanto ao papel consolador da arte e da recordação, limito-me a transcrever algumas frases que poderiam servir de epígrafe a *À la recherche du temps perdu*:

C'est enfin cette béatitude de la contemplation affranchie de volonté qui répand sur tout ce qui est passé et lointain un charme si préstigieux et qui nous présente ces objets dans une lumière si avantageuse (...) Quand nous nous représentons les jours depuis longtemps ecoulés, ce sont les objets seuls que notre imagination évoque, et

---

32. "(...) sonhamos: a vida como um todo não poderia ser um longo sonho? Ou, com mais precisão, existe alguma diferença entre o fantasma e o objeto real?"

non le sujet de la volonté qui, alors comme aujourd'hui, portait avec soi le poids de son incurable misère. Elles se sont adoucies, parce qu'elles ont été depuis bien souvent renouvellées[33].

Mais adiante

De là vient que lorsqu'un besoin nous tourmente plus que d'ordinaire, le souvenir des images passées ou lointaines passe devant nous comme l'image d'un paradis perdu[34].

As semelhanças apontadas é que me fizeram compreender bem Proust. Porque ao sairmos do seu universo sufocante, a magia de sua arte de tal modo nos sugestionou, que somos levados a aceitar passivamente as soluções que nos apresenta. Sua observação poderosa nos faz tomar a visão que tem das coisas pela própria realidade. Quando o coloquei no plano social e histórico pude avaliar-lhe o verdadeiro valor filosófico.

Não é só em *O Mundo como Vontade e Representação* que encontramos essas idéias niilistas. É o próprio Schopenhauer que lhes retraça o caminho através da História. Sua expressão mais primitiva no mundo ocidental parece ter sido a filosofia dos Vedas e Puranas, onde aparece a expressão Maya – "o véu pintado que aqueles que vivem chamam vida".

É curioso notar que o aparecimento dos primeiros sistemas filosóficos ascéticos na Índia coincide com a afrouxamento dos laços sociais primitivos, é uma reação contra ele, segundo o professor de filosofia hindu da Universidade de Cambridge, Surendranath Dasgupta, em *A History of Indian Philosophy*. Vemos progredir de escola para escola a negação da realidade percebida pelos nossos sentidos. Com a filosofia vedanta o próprio eu é dissolvido: "According to the vedanta philosophy, knowledge of ego is only false knowledge – an illusion as many imposed upon the formless Brahman"[35].

---

33. "É enfim essa beatitude da contemplação livre de vontade que derrama sobre tudo o que é passado e distante um charme tão perstigioso e que nos apresenta esses objetos em uma luz tão lisonjeira... Quando reconstituímos os dias há muito passados, são apenas os objetos que nossa imaginação evoca, e não o sujeito da vontade que, então como hoje, trazia consigo o peso de sua incurpavel miséria. Suavizaram-se, pois desde então muitas vezes foram renovadas."

34. "Daí decorre que, quando uma necessidade nos atormenta mais do que de costume, a lembrança das imagens passadas ou distantes passa diante de nós como a imagem de um paraíso perdido."

35. "Segundo a filosofia vedanta, conhecimento do ego é apenas falso conhecimento – uma ilusão como tantas impostas sobre o Brahma amorfo".

TEMPO DE *CLIMA*

Existe também no Yoga a concepção de um conhecimento místico, oposto ao intelectual, que "só pode ser fonte de erros". Para atingi-lo iria o estudioso se desligar progressivamente de toda ação e todo desejo:

> We know that for a Yogin every phenomenal state of existence, every form of action (even good actions) are painful. A Yogin knows that attachement (raja) to sensual and other objects can only give temporary pleasure, for it is sure to be soon turned into pain. Enjoyment can never bring satisfaction, but only involves a man further and further in sorrows[36].

O meio de realizar isto são as diferentes técnicas chamadas "yogangas". São de três tipos diferentes – Rajayoga, Hathayoga, Mantrayoga. Chama-se Hathayoga um sistema de exercícios destinado a dar completo domínio sobre as menores partes do corpo, preparando-o para sofrer com calma toda sorte de privações e dores físicas. Destes destacamos, por relações que possam ter com as afecções de Proust, o controle da respiração (pranayama) em que o indivíduo inibe os movimentos de inspiração e expiração, como se nota em certos ataques agudos de asma nervosa.

Pelos mesmos motivos salientamos no Mantrayoga as meditações sobre as sílabas místicas (como *om)*, ou sobre uma palavra comum encarada sob tantos aspectos diversos, que acaba perdendo todo o significado e se dissolve na inefável corrente espiritual (Lembra-me agora as associações em torno do nome *Guermantes*, ou o capítulo "Noms de pays – Le nom"). Rajayoga é o sistema ascético do grande Patanjali, de que os outros são formas inferiores ou preparatórias. Visa à destruição completa das ligações habituais com o mundo exterior, a dissolução de todas as impressões e conceitos mesmo os mais elementares, a supressão do eu. Atingida essa suprema aniquilação (nirodha) entra o discípulo no verdadeiro estado de Yoga, ou seja, a felicidade perfeita e a contemplação mística, que lhe dá conhecimento instantâneo e imediato de tudo. Sob forma mais apagada, encontramos em Proust a noção de intuicionismo estético; por exemplo, primeira aparição de Charlus – embora nada saibamos em relação a ele, uma série de indicações são atingidas por via puramente afetiva. E a meta final de seu esforço também, sem propósito determinado, o próprio aniquilamento.

36. "Sabemos que, para um yogi, todo estado de existência fenomenal, toda forma de ação (mesmo boas ações) são dolorosos. Um yogi sabe que apego (raja) a objetos sensuais ou outros pode oferecer prazer apenas temporário, pois é certo que logo se transformará em dor. Contentamento nunca pode trazer satisfação, apenas envolve um homem em arrependimentos cada vez maiores".

Pela elevação dos princípios, e grande superioridade intelectual que pressupunha, a doutrina se difundiu principalmente entre as altas classes da Índia. A mesma negação do querer viver nos levou a compará-la com a filosofia proustiana. Mas as diferenças que encontramos são grandes. Aplica-se ao Yoga, como a todos os sistemas hindus dessa época, o que Nietzsche escreveu a propósito do Budismo, em *A Vontade do Poder*: "Bouddhisme: le désir de se separer de la vie: la clarté philosophique issue d'un haut degré de spiritualité au milieu des classes supérieures"[37]. Na mesma obra encontramos a oposição entre Budismo e Cristianismo:

> Bouddha contre le 'crucifié' – Au milieu du mouvement nihiliste on peut encore nettement séparer le courant chrétien du courant bouddhiste. Le mouvement bouddhiste exprime un beau soir, la douceur d'un jour sur son déclin, – c'est la reconnaissance à l'égard de tout ce qui est écoulé, sans oublier ce qui a fait défaut: l'amertume, la déception, la rancune, en fin de compte, le grand amour spirituel, il a derrière lui le raffinement de la contradiction philosophique, de cela aussi il se repose: mais il en emprunte encore le rayonnement intellectuel et la splendeur du couchant (son origine est dans les castes supérieures). Le mouvement chrétien est un mouvement de dégénérescence, composé d'éléments de déchet et de rebut de toute sorte; il n'exprime pas l'abaissement d'une race, il est, dès le début, un conglomerat de tous les éléments morbides qui s'attirent et se cherchent...[38]

Proust está muito longe da serenidade budística, ou Yoga. Os elementos mórbidos que contém a angústia, a inquietude metafísica, a consciência culpada o aparentam com o cristianismo. Razão têm, pois, Henri Massis e Mauriac, salientando estas ligações. A "ausência terrível de Deus" é um valor negativo demasiado marcado para que não se sinta sua importância.

37. "Budismo: o desejo de se separar da vida: a clareza filosófica provinda de um alto grau de espiritualidade entre as classes superiores."

38. "Buda contra o 'crucificado' – Em meio ao movimento niilista podemos ainda claramente separar a corrente cristã da corrente budista. O movimento budista expressa uma bela tarde, a doçura de um dia em seu declínio, – é o reconhecimento por tudo o que ocorreu, sem esquecer o que faltou: a amargura, a decepção, o rancor, no final das contas, o grande amor espiritual, ele tem atrás de si o refinamento da contradição filosófica, disso também ele descansa: mas toma emprestado ainda a iluminação intelectual e o esplendor do poente (sua origem está nas castas superiores). O movimento cristão é um movimento de degenerescência, composto de elementos descartáveis de todos os tipos; não expressa o rebaixamento de uma raça, é, desde o princípio, um conglomerado de todos os elementos mórbidos que se atraem e se buscam..."

Os pontos de contato entre Proust e Pascal, esboçados por Georges Gabory em *Essai sur Marcel Proust* merecem nossa atenção. Ao falarmos em cristianismo somos obrigados a fazer apelo a esse pensador que está no próprio cerne do pensamento cristão. Todo o anseio de destruição schopenhauriano, característico da filosofia proustiana, já o encontramos nesse asceta, que para a Europa teve o mesmo papel de Kapila e Patanjali na Índia. Tinham ambos a mesma noção de obra no sentido místico da palavra, isto é, o emprego total da vida do homem. Mas esta, que para um é a salvação da alma, a meditação dos problemas metafísicos, para o outro é aprofundar as recordações, para imortalização puramente pessoal, através da arte.

O resto constitui o que desvia da tarefa precípua, *divertissement*:

Divertissement. Quand je m'y suis mis quelquefois à considérer les diverses agitations des hommes, les peines oir ils s'exposent, dans la cour, dans la guerre où naissent tant de querelles, de passions, d'entreprises hardies et souvent mauvaises, etc. j'ai découvert que le malheur des hommes vient d'une seule chose, qui est de ne pas savoir demeurer en repos dans une chambre[39].

Também os une idêntica concepção do mundo exterior:

Personne n'a l'assurance, hors de la foi, s'il veille ou s'il dort, ou que durant le sommeil on croit veiller aussi fermement que nous le faisons; on croit voir les espaces, les figures, les mouvements, on sent couler le temps, on le mesure et enfin on agit de même qu'éveillé, de sorte que la moitié de la vie se passant au sommeil, par notre propre aveu, où, quoique nous en paraisse, nous n'avons aucune idée du vrai, tous nos sentiments étant alors des illusions, qui sait si cet autre moitié de la vie où nous pensons veiller n'est pas un autre sommeil un peu différent du premier, dont nous nous éveillons quand nous pensons dormir?[40]

39. "Divertimento. Quando me pus algumas vezes a considerar as diversas agitações dos homens, as penas às quais se expõem, na Corte, na guerra na qual nascem tantas querelas, paixões, empresas audazes e muitas vezes más etc., descobri que a desgraça dos homens provém de uma única coisa, que é a de não saber permanecer em repouso em um quarto".

40. "Ninguém está seguro, fora da fé, se está desperto ou adormecido, ou que durante o sono acredita-se estar disperso com a firmeza que o fazemos; acredita-se ver os espaços, as figuras, os movimentos; sente-se decorrer o tempo, mede-se ele e enfim age-se do mesmo modo que desperto, de sorte que a metade da vida se passando no sono, por nosso próprio testemunho, no qual seja o que nos pareça não temos nenhuma idéia do verdadeiro, todos nossos sentimentos sendo então ilusões, quem sabe se esta outra metade da vida na qual pensamos estar despertos não é um outro sono um pouco diferente do primeiro, do qual acordamos quando pensamos dormir?"

PROUST

"Hors la foi"... Proust suprimiu a fé estendendo por tudo o vácuo gélido. Proust, na realidade, foi uma das últimas manifestações do espírito do século XIX, que terminou exatamente como no início, cristão e romântico. Marcel é o desenvolvimento lógico de todos os heróis românticos, e os resume todos. Mas tendo atravessado todas as promessas e desilusões da ciência, todos os movimentos tendentes a afirmar os valores do homem e vendo-lhes o fracasso, seu desencanto é muito maior que o do jovem Werther ou de Childe Harold. A dúvida geral, em lugar de, como nos inícios, ser atitude do espírito, adquiriu angustiante realidade. O subjetivismo revolucionário tornou-se pessimismo destruidor, alimentando a máquina da reação. O cristianismo, sem Deus, sem impulso afetivo, sem esperança de salvação, tornou-se exatamente como Hegel o definiu: "Le Christianisme est l'état de l'homme qui, dans son malheur, n'a pas pris conscience de son bonheur"[41]. Marcel Proust – grande vaga do século XIX que rolou, alteando suas cristas imensas, iluminadas pelas putrefações fosforescentes dos fogos de Sant'Elmo até a nossa época, roendo, insidiosa e tenaz, toda terra firme sob nossos pés.

Tentei provar até agora que a obra proustiana foi a sublimação das tendências inconscientes que não acharam vasão perfeita por serem condenadas pela época em que viveu. Entretanto, foi a própria sociedade que através da família monogâmica criou-lhe as condições psíquicas responsáveis por seus desvios (desde que levemos em consideração a constituição nervosa, o *quid* pessoal inatingível). A frouxidão dos laços sociais permitiu a manifestação dos instintos, embora enegrecida pelo sentimento de culpa. Por outro lado, esta época também se caracterizou pela renúncia à vida intensa. Do encontro de uma sociedade decrépita, sentindo já no horizonte as tempestades que a destruirão, com um espírito que se suicida, nasceu esta obra de arte "refúgio de uma época de decadência", como diria Nietzche, monstruosa e admirável.

Deste modo nos libertamos da perigosa fascinação proustiana, no terreno filosófico. Não pretendo afirmar a falsidade de suas observações. Tomadas uma a uma, são admiravelmente verdadeiras. Assim, os trechos da "petite madeleine", as intermitências do coração, os casos amorosos... psicologicamente certos. Mas a interpretação deles tirada, os grandes princípios que neles repousam são, senão errôneos, ao menos muito incompletos.

Tomemos a noção de consciência, por exemplo. Para Proust ela é estranha máquina, dilatando-se à medida que nos desenvolvemos, ampliando o

41. "O cristianismo é o estado do homem que, na sua infelicidade, não tomou consciência de sua felicidade."

47

TEMPO DE *CLIMA*

número de peças concomitantemente às noções que vai adquirindo. Ou então, enorme aranha que estende as teias nos profundos subterrâneos, e envolvendo tudo quanto apanha em sua baba, digerindo já antes de deglutir, mas incapaz de caçar outra coisa que não os próprios filhos. Esta consciência – arquivo dos idealistas, racionalistas, neokantianos – repugna-me. Levada às últimas conseqüências, engendra a própria negação. Como vimos, querer surpreendê-la dobrando-se sobre si mesmo é tarefa vã. A própria contemplação era primitivamente um método de ascese (haja visto os sistemas hindus). Proust não faz outra coisa, embora sem intenção. Encerrado no seu quarto fumarento quer ver o próprio mistério de luz espiritual, e para isso fechou portas e janelas e as atapetou de cortiça. Mas com espanto vimos que, quanto mais se isolava, mais focalizava sua atenção sobre ela, mais ela minguava e se tornava bruxoleante, até se apagar por falta de oxigênio.

Abramos esta câmara mortuária e deixemos entrar todos os ventos, "les grands vents venus d'outre mer"[42] do poema de T. Klingsor, musicado por Ravel. "Être c'est être dans le monde"[43] disse Husserl. Não existe consciência independente da realidade exterior, ou produzindo esta. A neve que se acumula em torno de uma pedra, na avalanche, não fabricou esta pedra, no entanto.

Os fenomenologistas definem a consciência pela imagem obscura da explosão. Conhecer alguma coisa é explodir para ela, envolvendo-a como grande turbilhão. É projetar dinamicamente um feixe de luz sobre o aspecto da realidade do qual nos queremos utilizar ("La perception est un mouvement anticipé"[44] – Alain), é revelar, dar realidade às qualidades existentes no objeto.

Tudo isto falta em Proust. A noção do amor como "movimento do não ser para o ser", segundo Platão, catalisador de valores desconhecidos, lhe escapa. Nunca compreenderia o sentimento que une Rodrigue e Prouhèse em *Le soulier de satin* de Claudel. Este incêndio de alma a cujo estranho fulgor vêem-se a si mesmos transfigurados e portadores da missão que devem cumprir, não cabe na órbita do doentio pesquisador do tempo perdido. Explica-se essa ausência em parte pelo que já foi estudado da feição especial de sua sexualidade. Embora os homossexuais exaltem a compreensão que resulta da afetividade norteada para o mesmo sexo, é raro que isso se dê na vida real. Os desvios multiplicam as dificuldades.

42. "Os grandes ventos vindos do além-mar."
43. "Ser é estar no mundo."
44. "A percepção é um movimento antecipado."

As "intermitências do coração" não têm o significado destruidor que ele lhes emprestou. De fato, existem várias maneiras de se tomar contato com a realidade – umas formas mais abstratas, outras mais afetivas. Mas isso não invalida nem o conhecimento, nem a noção de personalidade. Ao contrário. Um Newman tirará dos mesmos fatos conseqüências inteiramente diversas. Às mesmas conclusões chegará Max Scheler em *Essência e Formas da Simpatia*.

Distingue ele o conhecimento meramente intelectivo, prendendo-se às camadas superficiais do espírito, da compreensão do tipo muito superior, que vem da aderência total do ser a um objeto, movimento de projeção da consciência que Husserl chama "intencionalidade". Estuda-lhe as bases psicológicas, que são as diversas formas da simpatia. Num espírito normal, as condições de progresso espiritual residem na intensidade dessas projeções intencionais. O *eu* se forma à medida que se amplia sua experiência vivida, enquanto se opõe ao *não eu*.

Assim resolvi os angustiantes problemas que me propôs a obra de Proust. Saímos do irritante nevoeiro que sempre encontrávamos de novo, após tantas tentativas de evasão – nós mesmos. Não me afastei dele, entretanto. Cada vez que o releio, mais admiro o estilista delicioso, o romancista extraordinário. Mas nunca mais chegaria a ele para confiar-lhe minhas dúvidas e pedir-lhe soluções.

Em face da vida Proust fracassou. Porém, o mais grave é que fez de sua infelicidade regra geral, e enxergou na própria raiz da existência a atividade, a luta, a fonte de todo o mal. Este negativismo covarde não pode ser aceito. Se o cotidiano é horrível, cabe a nós mudá-lo, e não fugir a ele e nos encerrar nos ninhos inócuos e calmos da arte. Basta de "paraísos artificiais"!

Mesmo porque, examinando-se com cuidado *À la recherche du temps perdu*, vê-se que o mundo estético das contemplações através da memória, único consolador e que desvenda uma realidade superior, tira toda sua força e sangue do desprezível e grosseiro mundo da ação. Por exemplo, a famosa "petite Madeleine" só tem força evocativa num determinado momento. Provavelmente em muitas outras ocasiões o herói tivera oportunidade de sentir o gosto de um doce molhado em tisana de tília. Mas nesse dia particular, é ele mesmo quem o diz, sentia-se doente e abatido. O gesto carinhoso da mãe oferecendo-lhe a bebida permitiu-lhe virar as costas às durezas da existência e tirar Combray inteira de dentro da xícara. A. Feuillerat, no livro *Comment Proust a composé son roman*, nos conta que, ao contrário do que se pensa vulgarmente, certas cenas dos últimos volumes foram compostas antes de

TEMPO DE *CLIMA*

outras dos primeiros. Tendo já exposto um tema plenamente desenvolvido, voltava atrás e introduzia na parte inicial algumas notas que o preparavam. A angústia das noites de Combray não apareceria, provavelmente, se confiasse plenamente em Albertine, se ela não fosse um "ser de fuga". Este modo de compor é o reflexo dos movimentos inconscientes de sua afetividade. E é em nome desses fantasmas que devemos sacrificar nossa existência vivida!

Nossa posição é diversa. Embora carregada de graves falhas e angustiosos problemas aceitamos esta vida, única realidade que conhecemos. Para resolver estes problemas adotamos soluções que se não definitivas, nos permitem ao menos lutar. Não nos preocupam mais. No momento em que o mundo se agita dolorosamente em busca de novo e melhor estado de coisas, temos a nos animar o que Malraux escreveu encerrando "Espoir":

[...] Manuel entendait pour la première fois la voix de ce qui est plus grave que le sang des hommes, plus inquiétant que leur présence sur la terre – la possibilité infinie de leur destin; et il sentait cette présence mêlée aux bruits des ruisseaux et au pas des prisonniers, permanente et profonde comme le battement de son cœur[45].

Bibliografia

OBRAS DE MARCEL PROUST

À la recherche du temps perdu, Paris, N.R.F., 15 volumes:

I – *Du côté de chez Swann*, 2 volumes;

II – *À l'ombre des jeunes filles en fleurs*, 2 volumes;

III – *Le côté de Guermantes* – I;

IV – *Le côté de Guermantes* – II, *Sodome et Gomorrhe* – I;

V – *Sodome et Gomorrhe* – II –, 3 volumes;

VI – *La prisonnière, Sodome et Gomorrhe* – III, 2 volumes;

VII – *Albertine Disparue*, 2 volumes;

VIII – *Le temps retrouvé*, 2 volumes;

Les plaisirs et les jours, Paris, N.R.F.;

Pastiches et Mélanges, Paris, N.R.F.;

45. "[...] Manuel ouvia pela primeira vez a voz do que é mais grave que o sangue dos homens, mais inquietante que sua presença na terra – a possibilidade infinita de seu destino; e ele sentia esta presença mesclada aos barulhos dos riachos e aos passos dos prisioneiros, permanente e profunda como a batida de seu coração".

PROUST

Chroniques, N.R.F., Paris;
Correspondance générale, Paris, Plon., 16 volumes.

TRADUÇÕES

John Ruskin – *La Bible d'Amiens*, tradução e prefácio de Marcel Proust, Paris, Mercure de France.

John Ruskin – *Sésame et les Lys – Des trésors des rois – Des jardins des reines*, tradução e prefácio de Marcel Proust, Paris, Mercure de France.

"LES CAHIERS MARCEL PROUST"

I – *Hommage à Marcel Proust*, reedição do número 112, de 1 de janeiro de 1923, da *Nouvelle révue française*, Paris, N.R.F.;

II – *Répertoire des personnages de "A la recherche du temps perdu"*, por Charles Daudet; precedido de *La vie sociale dans l'oeuvre de Proust*, por Ramon Fernandez, Paris, N.R.F.;

III – *Morceaux choisis de Marcel Proust*, prefácio de Ramon Fernandez, Paris, N.R.F.;

IV – *Au bal avec Marcel Proust*, pela Princesa Bibesco, Paris, N.R.F.;

V – *Autour de soixante lettres de Proust*, por Lucien Daudet, Paris, N.R.F.;

VI – *Lettres à la N.R.F.*, seguidas de *Bibliographie Proustienne*, por G. Silva Ramos, e *Proust à la Mazarine*, Paris, N.R.F..

OBRAS DE OUTROS AUTORES

Abraham, Pierre – *Proust*, Paris, Rieder.

Alain – *Propos sur l'ésthétique*, Paris, Éditions Stock.

Alain Fournier, Henri – *Le grand Meaulnes*, Rio de Janeiro, Americ-Edit.

Ataíde, Tristão de – *Estudos*, 1ª série, S. Paulo, Companhia Editora Nacional.

Bédier, Joseph, et Hazard, Paul – *Histoire de la littérature française*, Paris, Larousse, 2 volumes.

Bergson, Henri – *Essai sur les données, immédiates de la conscience*, Paris, Félix Alcan.

Bergson, Henri – *Le rire*, Paris, Félix Alcan.

Bergson, Henri – *Matière et mémoire*, Paris, Félix Alcan.

Billy, André – *Littérature française contemporaine*, Paris, Armand Colin.

Bouglé, Célestin – *Socialismes français*, Paris, Armand Colin.

Cochet, Anne Marie – *L'âme proustienne*, Bruxelles, Imprimerie des Établissements Collignon.

Crémieux, Benjamin – *Le XXème siècle* (1ère, série), Paris, N.R.F..

51

Crémieux, Benjamin – *Du côté de Marcel Proust*, Paris, Éditions Lemarget.

Dasgupta, Surendranath – *Yoga as Philosophy and Religion*, Kejan Paul, .trench, London, Trubner & Co., New York, E. P. Dutton & Co. .

Dasgupta, Surendranath – *A History of Indian Philosophy*, (I) – Cambridge, Cambridge University Press.

Dandieu, Arnaud – *Marcel Proust; sa révélation psychologique*, Paris, Firmin Didot.

France, Anatole – *Mr. Bergeret à Paris*, Paris, Calmann-Lévy.

Freud, Siegmund – *Introduccion al Psicoanalisis*, tomos IV e V das obras completas, da tradução de Luis Lopes Ballesteros y de Torres, Madrid, Biblioteca Nueva, 2 volumes.

Feuillerat, A – *Comment Proust a composé son roman*, New Haven, Yale University Press, London, Oxford University Press.

Fernandez, Ramon – *Messages* (I), Paris, N.R.F..

Gabory, Georges – *Essai sur Marcel Proust*, Paris, "Le Livre" Société Anonyme.

Germain, André – *De Proust à Dada*, Paris, Simon Kra.

Gide, André – *Incidences* (II), Paris, N.R.F.

Huxley, Aldous – *Eyless in Gaza*, Albatross, Leipzig, Paris, Bologna.

Lalou, René – *Histoire de la littérature française contemporaine*, Paris, Crès Éditeur.

Lima, Jorge de – *Dois Ensaios*, Rio de Janeiro, Casa Ramalho.

Machado, de Assis, J.M. – *D. Casmurro*, Rio de Janeiro, Garnier.

Machado de Assis, J. M. – *Quincas Borba*, Rio de Janeiro, Garnier.

Malraux, André – *L' espoir*, Paris, N.R.F.

Massis, Henri – *Le drame de Marcel Proust*, Paris, Bernard Grasset.

Minkowska, Mme, Françoise – "Les troubles essentiels de la schizophrénie dans leurs rapports avec les données de la Psychologie et de la Biologie modernes", in *L'evolution psychiatrique*, (II), Paris, Payot.

Minkowski, E. – "La genèse de la notion de Schizophrénie et ses caractères essenties", *ibidem*.

Montesquiou, Robert de (Conde de Montesquiou-Fésenzac) – *Les pas effacés*, Paris, Emile Paul, 3 volumes.

Morand, Paul – *Lampes à arc*, Paris, N.R.F.

Nietzsche, F. – *La volonté de puissance*, tradução de Géneviève Bianquis, Paris, N.R.F., 2 volumes.

Pascal, Blaise – *Pensées*, texto da edição Brunschvicg, Paris, Garnier.

Pouquet, Jeanne Maurice – *Le salon de Mme. Arman de Caillavet*, edição da autora, Paris.

Quint, Léon Pierre – *Marcel Proust. Sa vie et son oeuvre*; seguido de *Le comique et le mystère chez Proust*; *Une nouvelle lecture dix ans plus tard*; e *Proust et la jeunesse d' aujourd' hui*, Le Saggitaire, Paris, Simon Kra.

Rank, Otto – *O Traumatismo do Nascimento*, tradução do Dr. Elias Davidovich, Rio de Janeiro, Marisa Editora.

Scheler, Max – *Esencia y Formas de la Simpatia*, tradução de José Gaos, Buenos Aires, Editorial Losada, S. A.

Schopenhauer, Arthur – *Le monde comme volonté et représentation*, tradução de J. Cantacuzène, Paris, Felix Alcan, 3 volumes.

Souday, Paul – *Marcel Proust, les documentaires*, Paris, Simon Kra.

Souza, Sybil de – *La philosophie de Marcel Proust*, Paris, Rieder.

Strachey, John – *The Coming Struggle for Power*, New York, Modern Library.

Thibaudet, Albert – *Histoire de la littérature française (De 1879 à nos jours)*, Rio de Janeiro, Americ-Edit., 2 volumes.

VAROUNA[1]

Não é sem emoção que se lêem os dizeres da capa deste livro: "Voix de France", Nova York... A quem conhecer os outros volumes da coleção, em especial os de André Maurois e Jules Romains, depoimentos lamentáveis e vergonhosos, patenteando, mais do que a corrupção da própria pátria, a falta de dignidade dos que ousam enxovalhá-la deste modo, fugindo-lhe no momento da desgraça, parece estranha a pretensão do título. Supúnhamos, entretanto, que Julien Green, romancista cujo principal característico é o sentido trágico, nos desse através da ficção aquilo que não tinham conseguido os representantes de uma parte gangrenada da França, que esperemos que tenha sido destruída: uma visão do drama terrível que presenciou. Nada se encontra de semelhante na obra.

O traço marcante do espírito francês, que se nota das obras de Rabelais às fitas de Jean Gabin – a lucidez na tragédia, o homem que se eleva acima de seu destino pela compreensão das grandes forças que o esmagam, acha-se ausente. Nada do que levou Pascal a encher-se de admiração diante deste frágil caniço humano, mas que é um caniço pensante, donde sua dignidade.

---

1. Julien Green, *Varouna*, New York, Éditions de la Maison Française, Inc., coleção "Voix de France", 1941. (N. O.)

TEMPO DE *CLIMA*

Está ainda em meu espírito o vulto longo e magro do cavaleiro Hans von Wittenstein zu Wittenstein, impelido para um caminho que não escolheu e condenado simplesmente por ser um pobre ser humano comum, no momento da morte que é também o da visão clara, como outro cavaleiro, o da Triste Figura ("que acreditó su ventura – morir cuerdo y vivir loco"[2]), formulando seu protesto: "Cela n'est pas très juste"[3].

Nem mesmo o espanto e terror diante de uma fatalidade que escapa à razão, como na literatura nórdica. *Macbeth* é o símbolo dessa forma de tragédia, que me parece mais espantosa e comovedora do que a forma francesa, dominada pelo espírito de clareza. Leia-se o desvario de Macbeth:

> Life's but a walking shadow, a poor player – that struts and frets his hour upon the stage – and then is heard no more; it is a tale told – by an idiot, full of sound and fury, signifying nothing.[4]

Entretanto, a ação que se desenrola da Alta Idade Média às vésperas da Primeira Guerra Mundial constantemente propõe o tema do destino humano. Mas fá-lo sob o aspecto de uma fantasia impregnada de hermetismo. É totalmente diverso do que Julien Green fez até hoje. Em lugar do relato das angústias interiores, onde os elementos de variação que agitam a linha da narrativa são as obscuras imposições do inconsciente, trata-se aqui de uma verdadeira história, em que a fabulação tem valor predominante. Daí mudanças notáveis na maneira de escrever e na técnica.

A palheta do autor acha-se singularmente enriquecida nesta obra. Abandonou o claro-escuro em que era mestre. Seu estilo se coloriu de várias cambiantes novas pela necessidade de descrição do mundo exterior em seus aspectos pitorescos. Mercê disto a primeira e a segunda parte são uma das coisas mais bem escritas da língua desde *Le retour de L'enfant prodigue*. Poucos quadros tão vivos, tão fortes de cor e movimento como a vida medieval que nos apresenta, com seus soldados, mendigos, ladrões, os missionários que querem salvar as almas que não querem ser salvas, enfim o povo agitado, impulsivo, crédulo, imaginoso – poeta. Nota-se a influência dos cronistas medievais, mas o *pastiche* foi habilmente evitado. Não hesita em em-

2. "que comprovou seu destino – morrer são e viver louco."
3. "Isto não é muito justo."
4. "A vida é só uma sombra que passa, um pobre ator / que se pavoneia uma hora sobre o palco / e depois não é mais ouvido; é um conto dito / por um idiota, cheio de som e de fúria, não significando nada."

pregar arcaísmos saborosos mas que parecem indispensáveis, por designarem coisas ou costumes também arcaicos. Esta parte dominada pelo fantástico lembra de certo modo os contos do seu compatriota Edgar Allan Poe.

Desde a primeira linha este halo de sobrenatural que envolve as coisas se manifesta poderosamente: "Höel trouva la chaine sur la grève. Il courait sur le sable avec sa lanterne, un soir d'hiver, quand une vague pareille à une grande main noire jetta ces anneaux de métal aux pieds de l'enfant"[5]. É a entrada direta no assunto como a longa frase sugestiva que nos introduz na *Quinta Sinfonia* de Schumann.

Em todo este início palpita a força poética do mistério. Veja-se este trecho: "Parfois il arrivait qu'au plus fort de l'orage, Höel recevait l'ordre de souffler sa lanterne et de se sauver. – 'Gare! Gare!' lui criait-on à travers le tumulte des vagues. 'Voilà les hommes de la mer qui sortent de l'eau' – Il entendait en effet des voix qui l'appelaient dans l'ombre, au large des récifs"[6]. Não importa que mais tarde se saiba que estas vozes eram as dos pobres marinheiros atraídos pela lanterna de Höel, cujos barcos vinham arrebentar-se contra os recifes e que eram os assassinados e roubados pelos pais do menino.

Assim segue a história, sugestiva e fantasiosa. Nos outros livros do autor as personagens se definiam e se impunham a nós pela introdução progressiva do leitor nos cantos obscuros do seu espírito. Os fatos exteriores concretizam a tragédia, que se desenrolava no inconsciente. Em *Varouna* Julien Green parece se filiar mais à técnica de Gide. Talvez seja simples vezo de achar relações. Mas vejamos alguns pontos precisos. O ato de Adrienne Mésurat precipitando do alto da escada o pai foi preparado pelo conhecimento da estranha paixão pelo médico, do desejo de libertação, do seu desespero em ver-se encerrada na velha casa, moça e bonita. Ao contrário o Lafcadio de *Les caves du Vatican*, quando atira pela janela do vagão o crítico Amédée Fleurissoire, se revela a si próprio. Daí em diante, motivado pelo "ato gratuito", sua personalidade e sua vida tomam novo aspecto.

---

5. "Höel encontrou a corrente na praia. Ele corria na areia com sua lanterna, numa tarde de inverno, quando uma onda semelhante a uma grande mão negra lançou esses anéis de metal aos pés do menino".

6. "Às vezes acontecia que no momento mais violento da tempestade, Höel recebia a ordem de apagar sua lanterna e fugir. – 'Cuidado! Cuidado!' Gritavam para ele através do tumulto das ondas. 'Olhe os homens do mar saindo da água.' Realmente, ele ouvia as vozes que o chamavam na sombra além dos recifes".

TEMPO DE *CLIMA*

Esta técnica não é peculiar a Gide. Encontra-se nos grandes romancistas vitorianos, principalmente Meredith e Conrad. Mas na segunda parte, a influência do autor de *Les faux Monnayeurs* se faz mais notável. Como Höel, Bertrand Lombard se vai tornando mais nítido à medida que é levado a agir pelo desenrolar dos acontecimentos. Mas quando procura iludir-se a respeito da identidade da filha, recorrendo à feitiçaria do primo Eustache, lembra os pastores da galeria gideana. O da *Symphonie pastorale*, por exemplo, que consegue disfarçar tão bem aos próprios olhos as intenções a respeito da pupila.

Continuando na análise da técnica, a divisão em três épocas está hoje bastante banalizada. Uma péssima fita francesa – *Cavalcade d'amour* – também a empregava. Até uma opereta – *Le trois valses*. O que torna *Varouna* interessante, além da forma magnífica de Julien Green, é a intensidade evocativa do ambiente de sonho.

O sonho é o elemento predominante – o livro todo é um longo sonho. À confecção do romance presidiu, consciente ou inconscientemente um trecho de Schopenhauer:

> La vie et les rêves sont les feuillets d'un livre unique: la lecture suivie de ces pages est ce qu'on nomme la vie réelle: mais quand le temps accoutumé de la lecture (le jour) est passé, et qu'est venue l'heure du repos, nous continuons à feuilleter négligemment le livre, l'ouvrant au hasard à tel ou tel endroit, et tombant tantôt sur une page déjà lue, tantôt sur une que nous ne connaissons pas encore; mais c'est toujours dans le même livre que nous lisons.[7]

Na segunda parte, por exemplo, Helène Lombard tem um sonho em que um copo d'água sai de uma nuvem cor de laranja, sustentado por uma mão invisível, enquanto uma voz diz: "Pour qu'il y ait de l'eau dans ce verre, il faut que quelqu'un l'y ait mise"[8]. Adiante, durante a festa que o pai dá em sua honra, recolhe-se ao quarto por um momento. Depois de uma explicação com a tia, pede-lhe um copo d'água. Ela recusa dar-lhe e se retira. Ficando sozinha, seu olhar cai sobre um copo cheio d'água: – "D'où vient cette eau? Murmura-t-elle. Alors une voix répondit avec douceur et

---

7. "A vida e os sonhos são as folhas de um livro único: a leitura seguida dessas páginas é o que se chama de vida real, mas quando acaba o tempo habitual da leitura (o dia) quando chega a hora do repouso, nós continuamos a folhear negligentemente o livro, abrindo ao acaso, aqui e ali e ora caindo em uma página já lida, ora em uma página que nos é ainda desconhecida, mas é sempre no mesmo livro que nós lemos."

8. "Para que haja água neste copo, é preciso que alguém a tenha posto."

VAROUNA

sur un ton un peu ironique: – Pour qu'il y ait de l'eau dans ce verre, il faut que quelqu'un l'y ait mise"[9].

Não só os fatos passados ou futuros da sua vida pessoal se desvendam aos personagens, mas também das existências que viveram em outras eras. Assim é que a mulher de Bertrand Lombard, burguesa da França no século XVI, em sonhos e delírio revê Höel, o tocador de cornamusa do País de Gales, que vivera quinhentos anos antes. Jeanne, cidadã do século XX, recorda-se das suas vidas anteriores.

Acima destas existências, limitadas no tempo, Varouna, o Urano hindú, o céu sereno, vela para que os destinos humanos se cumpram. Aqueles que estão na terra destinados um para o outro, na terra se unirão. O instrumento dessa união é uma corrente estranha e trabalhada que Höel encontra na praia. Através de um sonho, dentro do qual há outro sonho (fato muito comum, mas segundo me parece, pela primeira vez registrado na literatura), tem conhecimento do significado dela. Mas o conselho do monge Macário joga-a de novo no mar.

Os acontecimentos separam os destinos. Höel passa trinta anos longe da pátria. Quando volta, velho, alquebrado, é abrigado por Morgane, a noiva prometida que o esperara. Mas não a reconhece e, para apossar-se do seu dinheiro, assassina-a. Revistando o cadáver encontra a cadeia mágica.

Também Bertrand Lombard não pôde cumprir os destinos superiores, pois aquela que a fatalidade lhe destinara, por trágico encadear de circunstâncias, era sua própria filha. Tenta iludir a si mesmo, por meio da magia de um charlatão. Quando a verdade se lhe revela, morre de horror. Helena entra para um convento.

Afinal, no século XX os acidentes naturais permitem que os dois amantes se unam. Um dia, Louis e Jeanne, em Londres, reconhecem, numa vitrina do British Museum, a corrente que nunca viram. Tudo seria o mais banal possível se não fosse a data: maio de 1914. A fatalidade que emana do trágico colar continua.

Como vemos, esta obra traz em si a essência do romantismo – os obstáculos às paixões, o laço que une duas almas para a eternidade, o amor prolongado além da morte... O que impressiona é a fuga à vida que nela se nota.

---

9. "De onde vem esta água? Ela murmurou. Então uma voz lhe respondeu com doçura e de maneira um tanto irônica: – Para que haja água nesse copo é preciso que alguém a tenha posto".

TEMPO DE *CLIMA*

As mesmas observações feitas a propósito do caso proustiano são válidas aqui. Como Proust, Julien Green procura um refúgio contra a dureza dos fatos de um modo que lembra (no caso presente com maior intensidade) as práticas da doutrina Yoga. Principalmente o exercício ascético chamado *tat tvam asi*, em que se procura abolir as relações temporais e espaciais entre as coisas ("Affranchis-nous du temps, du nombre et de l'espace"[10] – Leconte de Lisle). O passado e o futuro fundem-se com o presente, e a dor, sempre produto de um fato particular, desaparece, dissolvendo-se na "inefável corrente espiritual".

Eis o que me parece terrível.

Entendamo-nos. Não exijo de um romancista que, em tanto que artista, tome posição definida ante os problemas políticos e sociais. Mas permanecendo um puro escritor e sem tomar partido, podia mostrar as marcas que a catástrofe lhe deixou. Este o grande papel da arte, testemunha imperecível do sofrimento humano e de sua trágica grandeza. O que é explicável em Proust, é inadmissível na época atual.

O único traço que Julien Green apresenta da derrota francesa é precisamente este – recusar-se a encará-la. Daí a evasão para o irreal. Procede exatamente como os personagens de Shakespeare, o próprio Macbeth acima citado.

Mas o velho Will não compartilhava esse sentimento. E Macbeth, apesar de enlouquecido, luta até o último momento contra o destino.

Não estaria querendo a intervenção direta do autor, como nos folhetins românticos: "Enfim, Artur! Ousarei narrar todos os teus crimes??!! Veja!! O pouco que disse já revolta o meu sensível leitor!" Lembra-me um trecho de *Mme. Bovary* em que o frio, objetivíssimo Flaubert descreve a festa cívicoagrícola. Concedem um prêmio a uma camponesa que servira cinqüenta anos na mesma herdade. A mulher avança para receber a medalha. A propósito do pobre ser humano, gasto pelo trabalho, rosto enrugado como um pergaminho velho, o autor tem esta breve nota: "Devant les juges se dressait ce demi siècle de servitude"[11]. Continua a narrativa, exterior, impassível, mas nessa pequena frase está encerrada a condenação moral da sociedade burguesa produtora dos Homais e Bovarys.

Poderiam me objetar que *Varouna* é um livro essencialmente sombrio. Mas as tragédias que conta, mergulhadas nas névoas das rememorações an-

---

10. "Liberta-nos do tempo, do número e do espaço."
11. "Diante dos juízes erguia-se este meio século de servidão."

cestrais, perdem a intensidade e sentido. O que nos levou a duvidar da sinceridade dos livros anteriores.

No *Journal de Salavin* de Duhamel, há uma passagem em que o candidato a santo aperta o polegar numa porta, para se penitenciar. Mas sua mulher desastradamente abre a porta, esmagando-lhe a unha. O que o faz soltar gritos espantosos, ficar furioso, e desistir da penitência.

Há certa relação entre o que acabamos de expor e as angústias que Julien Green cultiva nas personagens como tulipas raras, mas que, quando não podem ser puramente interiores por causa dos embates da vida, fenecem rapidamente.

Em suma, fora a terceira parte muito fraca, um livro que se lê com intenso agrado. Estilo sedutor e força poética incontestável. Mas à luz da reflexão sentimos que parte de seu encanto vem de nele se ouvir a voz de contralto intersexuada e insinuante da decadência. O fantástico não tem o poder explosivo de um Poe ou de um Hoffmann. Os tipos humanos, embora possuam a noção vaga de seu destino, não têm a dignidade, feita de clareza de espírito e julgamento moral, das figuras marcantes da literatura francesa. Nem a grandeza trágica, tirada da ignorância do sentido das coisas, que se nota dos homens de Shakespeare aos marinheiros de *The Long Voyage Home*.

A verdadeira "voz da França" se faz ouvir agora nos sofrimentos dos campos de concentração, na miséria da zona ocupada.

Momentaneamente a França perdeu sua corrente encantada. Mas Varouna, com seus milhões de olhos acesos na noite, vela para que seu destino se cumpra.

N° 4, setembro de 1941[12]

---

12. A partir de agora, cada texto terá no fim o número da revista *Clima*, em que foi publicado e a respectiva data.

FANTASIA E ESTÉTICA

A primeira vez que ouvi falar em *Fantasia* foi pelos amigos que a tinham visto nos Estados Unidos. As referências eram entusiásticas. Mais tarde, cá esteve Antonio Pedro, de quem o público paulistano, em geral, guarda uma impressão de pesadelo. Além de sua pintura, no meu incompetente modo de ver muito interessante, é um poeta excelente, e co-autor de uma teoria – o Dimensionismo – o que já deve ser conhecido do leitor de *Clima*. Tenho presente em meu espírito a imagem desse homenzarrão de olhos claros, sentando-se sob um *abat-jour* e sacando inverossímeis óculos de feiticeiro medieval, para nos ler histórias fantásticas e admiráveis. Como o dr. Coppelius de Hoffmann, poderia desatarrachar-me as mãos para adornar um quadro seu, que não o sentiria.

Numa dessas ocasiões, expôs as idéias que defendia, as quais provocaram calorosa disputa. No ardor da discussão ele apelou para *Fantasia* à guisa de exemplo ilustrativo do seu ponto de vista. Como se achasse presente apenas uma pessoa que a tinha assistido e esta não se dignasse a falar, a querela manteve-se no terreno estético. É ainda sob este ângulo que quero focalizá-la aqui.

Naquela noite, pareceu-me a teoria dimensionista aceitável à luz da razão. De fato, seria enriquecer uma expressão artística, dar-lhe mais uma dimensão. Assim é que fui assistir *Fantasia* num estado de espírito quase religioso. Aprontava-me para a revelação de um mundo novo.

TEMPO DE *CLIMA*

E o que me foi apresentado me decepcionou. Não me refiro ao mau gosto da *Sinfonia Pastoral.* Nem à pobreza de imaginação de *A Noite na Montanha Calva,* que na *Ave Maria* atinge a indigência. As realizações artísticas que esta fita apresenta são puramente do gênero bailado. Tal o *Aprendiz de Feiticeiro* (inegavelmente o melhor trecho da fita) ou a suíte *Quebra Nozes.* Quanto à *Dança das Horas* a sátira perde sua intensidade pela monotonia dos efeitos.

Mas até aí nada de novo. No gênero bailado a duas dimensões, Walt Disney apresentara a *Dança Macabra,* que embora não se valesse de cores, tinha um valor maior do que tudo quanto se fez em *Fantasia.* Enfim, parece-me que estou pisando nos canteiros alheios, com risco de dizer asneiras.

Fora a mistura híbrida de *Le sacre du printemps,* em que se procurava submeter ao elemento puramente humano do ritmo os fenômenos naturais, como aqueles vulcões funcionando ridiculamente como brinquedos mecânicos, resta, como novidade capaz de interessar a especulação filosófica, a *Tocata e Fuga em Ré Maior* de Bach. Não queremos aqui negar o valor artístico das outras obras de Disney. Mas o bailado é uma arte existente há séculos, cujos princípios estéticos foram objeto de cogitações de muitos filósofos.

Parece-me interessante, porém, somente como tentativa. Está ainda muito distante de uma realização aceitável. Desde o início notam-se as imagens que vão se afastando da expressão concreta dos objetos usuais até se tornarem puro jogo de formas abstratas e cores. Vemos em primeiro lugar Stokowski à frente de sua orquestra, cujos gestos lembram os de Ygor Youskévitch, representando o "Espírito Criador" no bailado de Leonide Massine da *Sétima Sinfonia,* quando faz surgir o mundo do caos. Obedientes às determinações do genial cabotino, os músicos friccionam as cordas ou sopram seus tubos. Passa a câmara a focalizar as sombras em seguida. Depois surgem as extremidades dos arcos em sucessões ascensionais e descensionais. Passam sombras de cordas, lembrando os fios de telégrafos que se vêem pela janelinha do trem. É só então que aparecem imagens desligadas das sugestões materiais dos instrumentos – manchas de ouro e cor de laranja irisadas afetando contornos de nebulosas. Mas logo surgem notinhas, figuradas como lombrigas fosforescentes, que mergulham uma atrás da outra, à guisa de *girls* de revista aquática. Quando atacam os contrabaixos, surge da objetiva um enorme contrabaixo estilizado que com pesados movimentos de elefante velho vai se perder numa perspectiva infinita. Para finalizar, de novo o grande Leopold arrancando, pela força mágica dos dedos, emanações de natureza gelatinoso-ectoplasmática que se evolam à direita e à esquerda. E assim acaba a peça.

Confesso que não era o que esperava. Nas discussões a que me referi, esclarecera Antonio Pedro que não se tratava de uma interpretação como a *Sonata Romântica* de Germaine Dulac, realização do cinema silencioso. O que se tinha proposto Disney era a criação no campo plástico de uma ordem de emoções idêntica à criada pela orquestração de Stokowski. Embora fosse animado dos melhores propósitos, nunca, nas seis vezes que assisti *Tocata e Fuga* (ficando para a 2ª sessão com o fim de vê-la de novo), senti o seu valor como obra independente. Fechando-se os ouvidos e abstraindo-se as impressões da música, restava apenas um conjunto desconexo de imagens banais, sem ritmo próprio, sem atmosfera afetiva que recompusesse o estado de espírito da peça de Bach.

Tratava-se de mera conotação. A cada impressão auditiva procurava-se uma impressão visual correspondente. Não se queria ficar porém no campo da pura transposição. Nesse caso, o melhor seria apelar para técnicos em Física, que teriam em seus laboratórios meios perfeitos de fazê-lo. Pretendeu-se atingir uma expressão artística. Os esforços de libertação da forma visível usual e as pesadas quedas que se lhe seguem têm o cômico do espetáculo que aqui nos ofereceu um bailarino obeso, dançando *O Espectro da Rosa*, no Municipal.

Deixando de lado a realização concreta, ocupemo-nos dos fundamentos mais altos.

A muitos, talvez, pareça estranho que se aplique o raciocínio filosófico a um filme. Responderei com Hegel, na *Estética* – A ciência da arte, em uma época semelhante, é muito mais necessária que nos tempos em que a arte tenha o privilégio de satisfazer plenamente as inteligências. Hoje parece convidar a filosofia a ocupar-se dela, não para que a reduza a seu objeto, mas para que estude suas leis e se aprofunda na sua natureza.

A época de que trata é o romantismo. Até então a arte clássica fora a expressão perfeita de um ideal atingido. Por isso sua forma de predileção era a escultura. Mas a idéia de beleza dos gregos se satisfazia por completo na pura aparência plástica. Os olhos das estátuas (é Hegel quem o nota com penetração), esses espelhos da alma, eram pintados com um frágil esmalte, que desaparecia, deixando as órbitas vazias. Mesmo naquelas que chegaram intactas até nós, o olhar não tem a menor profundidade, é todo superfície. O herói grego era o "homem que, na sua felicidade, não tinha ainda consciência de sua desgraça". A alma começa a aparecer na arte com o Cristianismo.

O Romantismo, filho da religião cristã, se caracterizou pela liquidação completa da arte clássica. Em lugar dos cânones sociais, que a coletividade impõe, o artista procura os princípios que o norteiam na sua própria singularidade. É o período denominado na *Fenomenologia do Espírito* a *lei do coração*.

Esta destruição, entretanto (é necessário que se saliente este ponto), não é uma raiva cega contra o passado, mas o esforço de exprimir o ainda não exprimido. As velhas formas caem, como a primeira dentição abalada pela força propulsiva dos outros dentes que vêm nascendo por baixo.

Assim é que o drama romântico pôs abaixo as regras rígidas da tragédia clássica, misturando, segundo a fórmula tão conhecida, o sublime ao grotesco. Mas não bastou a abolição dos limites dos gêneros. Com Baudelaire, esse grande romântico que nunca se integrou no Parnasianismo, atingimos a noção dominada pela consciência plena da unidade fundamental das artes. É o célebre soneto – "Correspondances" que é necessário citar por inteiro:

"La nature est un temple où de vivants piliers
Laissent parfois sortir de confuses paroles;
L'homme y passe à travers des forêts de symboles
Qui l'observent avec des regards familiers.

Comme de longs échos qui de loin se confondent
Dans une ténébreuse et profonde unité,
Vaste comme la nuit et comme la clarté,
Les parfums, les couleurs et les sons se répondent.

Il est des parfums frais comme des chairs d'enfants,
Doux comme les hautbois, verts comme les prairies,
– Et d'autres, corrompus, riches et triomphants,

Ayant l'expansion des choses infinies,
Comme l'ambre, le musc, le benjoin et l'encens
Qui chantent les transports de l'esprit et des sens"[1].

---

1. A natureza é um templo em que vivos pilares / trocam, de quando em vez, esquisitas mensagens; / O homem nessa floresta anda através de imagens / Que o seguem, sem querer, com olhos familiares. // Como os ecos sem fim, que à distância se escondem / na mesma tenebrosa e profunda unidade, / Tão vasta quanto a noite e quanto a claridade, / os perfumes, os sons e as cores se respondem. // Há perfumes que são como as crianças

FANTASIA E ESTÉTICA

Contemporaneamente, na Alemanha, dava-se o aparecimento da grande música romântica, culminando com o wagnerismo. Parecia reservado à música o papel de quebrar as fronteiras entre as artes. No drama wagneriano, em que o poema tinha feição musical, os sons muitas vezes criavam o ambiente dramático, os "motivos condutores" ligados às personagens eram a sua presença humana e teatral na partitura, as cortinas de fumaça que terminavam os atos sem solução de continuidade, os cenários vagos, "musicais", pareciam ter realizado certa fusão das diferentes expressões artísticas.

Na França de antes da Primeira Guerra Mundial, a época proustiana, surgira o des Esseintes de Huysmans, o barão de Charlus de Proust, o conde Robert de Montesquiou-Fézensac.

Em *A rebours* vêmo-lo junto a um órgão original, onde cada tubo é representado por um licor. Neste "instrumento" executa várias peças de sua predileção, até cair de costas, totalmente intoxicado.

Em inícios deste século surge o bailado russo, em que as formas e as cores se animam de movimento, emprestando à música o elemento rítmico. Mas aí é uma criação de novo gênero, resultante da junção de várias artes, como certos corpos da química que surgem de uma combinação que difere dos elementos primários. Foi apenas a velha arte da dança, talvez a primeira que a humanidade tenha conhecido, que chegara à idade adulta plenamente consciente da variedade de seus elementos.

No depois-da-guerra, esse breve espaço angustiado e delirante, momento de calma no meio da tempestade, a qual voltaria a se desencadear furiosamente, purificando a terra pela desgraça, a libertação atingiu o seu máximo. Das trincheiras, um artilheiro, polonês de origem e poeta francês, Guillaume Apollinaire, para distrair os soldados, seus camaradas, traçara alguns poemas em que a disposição tipográfica das letras tinha valor expressivo. E assim nasceu *Calligrammes*, talvez a obra mais comovente que se escreveu sobre a guerra.

Este mesmo Apollinaire se fizera o teórico dos pintores cubistas, interessados nas puras relações dos elementos picturais entre si, acabando de assassinar o *assunto*, já seriamente ferido pelos impressionistas.

---

franzinas, / doces como os oboés, verdes como as campinas, / E outros há triunfais, ricos e corrompidos, // Tendo a larga expansão do infinito, do imenso. / Assim como o benjoim, a malva, âmbar e o incenso / que se elevam, cantando, o espírito e os sentidos. (Tradução de Osório Dutra).

67

TEMPO DE *CLIMA*

Da Suíça veio o Dadaísmo. Em Paris surgiu o Surrealismo. "Il en est tant venu"...Não eram só as limitações que vinham abaixo. Era a própria arte. Negava-se o valor de qualquer regra imposta à livre inspiração. Procurava-se atingir a inocência e espontaneidade das crianças e dos loucos. A própria idéia de beleza é posta de lado. O lema dos niilistas russos, – "Nem Deus, nem Senhor!" parece ter sido aqui levado à risca. Aí temos um bom exemplo de movimento dialético – a idéia de beleza, que começa por quebrar as formas que se opõem a uma manifestação mais real de sua essência, levada por esse impulso inicial de se afirmar, acaba negando-se a si mesma.

Estamos assistindo pois, com o chamado Modernismo, as últimas manifestações do Romantismo. Esta pesquisa do inefável (Graça Aranha fala na "vaga ânsia de infinito" em *Espírito Moderno*) é congenitamente romântica. É um tema constante de Vigny, de Lamartine, passando mesmo aos parnasianos. Lembra-me o verso de Leconte de Lisle que citei na crítica de livros do n°. 4 desta revista[2]. Também a chave do soneto de Baudelaire "Le Gouffre" – "Ah! Ne jamais sortir des Nombres et des Êtres!"[3].

A princípio eram tentativas de evasão como em *A rebours* ou Proust. Depois as tendências condenadas, o indeterminado, o multíplice tiveram foros de cidade e pretendeu-se realizá-los na ordem concreta. Destaca-se aqui Gide, ao qual pretendo dedicar em breve um estudo à parte.

Mas dentro da negação pura não se pode ficar. O dinamismo do espírito impelia a novos caminhos. Eis que os artistas que se tinham distinguido pelo ímpeto libertário, Jean Cocteau na França, no Brasil, Mario de Andrade, Manoel Bandeira, Oswald de Andrade (pobre Manoel Bandeira! Que posição inconfortável lhe dei!), vão agora voltando a moldes mais socializados de expressão. Mas não são as velhas fórmulas tão combatidas. Como o filho pródigo, retornam enriquecidos de toda a experiência adquirida nesse doido vagabundear pelos campos.

A meu ver, não se trata simplesmente do conformismo e amadurecimento que os anos trazem. Entre os jovens de todo o mundo ressoa o apelo à disciplina. E a "Escrava que não é Isaura", tendo ficado nua tanto tempo, sente o frio do inverno e procura cobrir-se com algum agasalho. Mas ainda não sabe bem as cores e formas que terá. Daí o construtivismo que Ruchti

---

2. Referência ao artigo sobre *Varouna*, de Julien Green, reproduzido neste livro. Cf. *supra* n. 10, p. 60.

3. "Oh! Nunca sair dos Números e dos Seres!"

nos explicou o que seja e que se assemelha aos jogos e combinações a que os pitagóricos submetiam os números, em si mesmos[4].

Tentativa do mesmo gênero é o Dimensionismo do nosso amigo Antônio Pedro, já familiar aos leitores de *Clima*. Como devem estar lembrados, este movimento não chegou a ter existência civil, pois não foi além de um manifesto. O salão que o lançaria e que contava com o apoio de vários nomes ilustres, não pôde realizar-se por circunstâncias adversas. Mas suas idéias estão no próprio espírito do tempo, como procuramos mostrar. Dentro delas se enquadra *Fantasia*.

Trata-se pois de uma reconstrução do universo exterior. Mas não se pode de um só golpe estabelecer uma nova arte clássica. As determinações vão surgindo aos poucos. Não querendo desde logo abandonar a riqueza do elemento inconsciente, procura traduzir a mesma emoção em várias artes, ou melhor, tendo encontrado a expressão numa dimensão do espaço, busca a mesma expressão noutra.

No caso de *Fantasia*, à música, arte do tempo, juntaram-se as impressões plásticas da pintura.

Os psicólogos há muito conhecem esse fenômeno que chamam de sinestesia. Trata-se de uma conexão entre sensações puramente mecânicas, segundo Titchener, em que não intervêm atividades sintéticas superiores, como associação de idéias. Nota-se principalmente entre as crianças e em certos psicopatas que regridem a uma fase infantil. A explicação mais viável é a que supõe que o cérebro vai se desenvolvendo e aperfeiçoando à medida que as experiências se multiplicam. A princípio, os centros analisadores do "córtex" não distinguem bem entre os estímulos trazidos pelos diversos sentidos. Assim se criam as audições coloridas, as sensações tacto-visuais, as olfações luminosas...

Não estou chamando o meu caro Antônio Pedro nem de criança, nem de louco (embora a maioria dos visitantes da sua exposição esteja bem próxima dessa opinião). Mas trata-se de alguém que, tendo vivido plenamente a experiência surrealista, dela emergiu, procurando ordenar as novas conquistas que a abertura das comportas do inconsciente lhe deu. Mas como na idade adulta o fenômeno se encontra raramente no homem normal, assim a arte terá no futuro deixado de lado estas pesquisas.

---

4. Referência ao artigo "Construtivismo", de Jacob M. Ruchti, publicado em *Clima*, nº 4, p. 95-101.

TEMPO DE *CLIMA*

Não quero com isso negar os serviços que possam prestar. Creio que as artes sairão bastante *purificadas* dessas experiências cheias de ousadia. Teremos então uma música que abandonou tudo que não seja a emoção sonora, uma pintura mais fluida, mais maleável, um cinema mais consciente dos novos elementos (cor e som) que se lhe agregaram mau grado seu, e com que até agora não soube muito o que havia de fazer.

É ainda uma opinião de Hegel, que me parece absolutamente justa, que uma arte se torna mais elevada à medida que suas manifestações vão ficando mais precisas e concretas. É uma concepção que domina toda sua filosofia. Quanto mais se afirma a Idéia na ordem temporal e material, isto é, na História, maior a liberdade do Espírito.

Baseados na Psicologia podemos chegar à mesma conclusão. Quando um espírito tem em mira um único objeto, nele concentra grande coeficiente de força afetiva. Ao contrário, se várias são as direções em que se espraia a libido, há um empobrecimento de intensidade afetiva em cada manifestação.

Ao que me parece, portanto, não se trata de um movimento destinado a perdurar, a se inscrever na História para a eternidade. É um aspecto dessa angústia característica de nossa época – a busca de expressão. Não creio que sobre ela se possa construir nada de estável. As produções que conheço são fracas. Esta *Fantasia*, cuja parte interessante nada tem a ver com as teorias que estamos discutindo. Os "móbiles" de Calder... Enfim o próprio Antônio Pedro, no meu juízo de não-técnico um artista curiosíssimo, abandonou-o por completo.

Porque as grandes e pequenas formas de arte não surgem ao acaso, pela mera vontade individual dos homens de imaginação. É preciso que repousem sobre um conjunto social, psicológico, econômico, intelectual, científico... Todas as manifestações do espírito humano são o produto de um determinado momento histórico que se "cristalizou num estilo de vida". Esta noção, introduzida por Nietzsche, já se achava implícita em Hegel, e não pode desconhecê-la qualquer teoria estética moderna.

Tomemos a arquitetura barroca, exemplo clássico. Evidentemente ela emana de uma organização social particular, aquilo que os franceses chamam *ancien régime*. Mas este regime, a monarquia absoluta, assenta sobre uma estrutura econômica – a divisão em três Estados, os privilégios do clero e da nobreza. Tudo isto se reflete na divisão interior da igreja barroca, adaptada à divisão social. Mas também influenciaram na sua construção as idéias filosóficas da época. Matilda Ghylka, na *Encyclopédie française*, mostra como os adornos, as pinturas, toda a arquitetura da catedral barroca se utiliza dos conhecimentos matemáticos da época. Estes fatos estão muito divulgados e se encontram tanto em teorias de conservadores como Spengler, quanto nos comunistas.

O que eu não consigo ver é um estilo de vida dimensionista. O próprio surrealismo o teve – a guerra e o após-guerra. A incoerência da vida das trincheiras, dos massacres estúpidos, o rompimento das gerações novas com o fundo de tradições que sustentavam os mais velhos, o delírio febril, a agitação sem causa clara da época que lhe sucedeu, encontraram expressão na obra de Breton, por exemplo. Quanto ao Dimensionismo, nada.

É preciso não esquecer que essa teoria, como se lê no manifesto, tem ligações com certas conquistas da matemática moderna. Não tenho elementos para criticar esse ponto. Mas dizem-me os especialistas que também a ciência atravessa uma crise, e a base adotada pela corrente que comentamos é fraca. Se as concepções científicas atuais marcarem profundamente a nossa alma, é possível que no futuro desçam à vida concreta. Teremos então uma sociedade dimensionista. Aliás H. G. Wells, em um dos seus livros sobre os tempos que hão de vir, descreve os enfeites usados então, que variam de forma e cor constantemente. Não lhes parece um prenúncio?

Creio, entretanto, mais baseado na intuição do que em outros dados, que isso não se dará. Não podemos dizer com segurança que tal resultado de uma pesquisa será englobado no neoclassicismo que surgirá em época incerta e, suponho, ainda afastada. É preciso lembrar-se do tempo imenso que levou a civilização cristã em sua elaboração, os inúmeros elementos díspares que digeriu, as vicissitudes pelas quais passou até atingir seu esplendor.

Estamos ainda em pleno momento da inteligência crítica e da procura. Reagimos, é verdade, contra a completa licença, a liberdade desenfreada dos que nos antecederam. Estamos possuídos de um espírito mais construtivo. Mas não pretendemos a nada de definitivo. Mesmo porque os resultados colhidos ainda me parecem magros. É preciso ir para a frente, continuando a marcha inquieta do homem, prova de sua superioridade.

A "Tocata e Fuga" de *Fantasia* é uma concretização falha dessa eterna pesquisa. Não importa. Os princípios em que se baseou são interessantes. Temos impressão, embora profetizar seja perigoso, que muitos serão os que vão enveredar por esses caminhos recém-abertos. Talvez, então, tenhamos obras de valor.

Como quer que seja será sempre lembrada, como tentativa inovadora. A Imortalidade descerrou gravemente as portas do seu templo para esta produção frívola de um modo geral, e muitas vezes detestável.

N.º 5, outubro de 1941

UMA VOZ NA PLATÉIA

A gíria americana criou a expressão "moviegoers", para significar os que habitualmente vão ao cinema, qualquer que seja a fita em expectativa. Ao contrário do que se imagina, estes são os mais exigentes. O contato com os truques das fitas banais com que a América inunda a Terra os faz reconhecer agudamente o que de novo apresenta um bom filme.

Em São Paulo poder-se-ia falar da classe dos "concertgoers", os idores-a-concerto, aqueles cujo amor à música os impele a comparecer ao Municipal toda vez que um sarau se anuncia, não importando o artista. Quando é um grande "virtuose" estrangeiro, aureolado de glórias, retiram-se para as localidades mais elevadas e baratas. Só podem usufruir a platéia nos concertos do Departamento de Cultura, ou se forem sócios da Sociedade de Cultura Artística. É esta gente entusiasta, que vai ao teatro exclusivamente pela qualidade do espetáculo, que tem um conhecimento, embora vago, da música brasileira.

Os auditores elegantes dos intérpretes afamados digerem resignadamente a pecinha que lhes é impingida por lei, em geral minúscula e que lhes arranca no máximo um: "Bonitinho". Acreditam, quando se fala em música nacional, que se trata de sambas e marchas do carnaval.

Os verdadeiros melómanos, que têm revistas especializadas, sabem que ela existe, no entanto. Uma vez ou outra *Le menestrel*, os jornais do Rio, ou um periódico americano noticia a execução de partituras de Villa-Lobos ou

TEMPO DE *CLIMA*

publica artigos referentes à sua personalidade. Entretanto, em São Paulo, sua obra é quase que inteiramente desconhecida. Não quero insistir nessa omissão inexplicável e escandalosa, tanto mais quando se pensa que está em vigor a lei já citada. Mas o que de fato é doloroso é que, dando cumprimento às exigências legais ou em programas especialmente consagrados à nossa música, incluam-se produçõezinhas de décima categoria, guindadas a representativas da nossa musicalidade.

Houve época em que o Coral Paulistano, do Departamento de Cultura, criado por Mário de Andrade e dirigido por Camargo Guarnieri, apresentava ao público excelentes espetáculos. Lembro, com emoção, do que foi o *Maracatu de Chico Rei*, de Francisco Mignone, no texto original para coros e orquestra.

Depois disso, que tivemos? A invasão das toadazinhas populares atreladas ao carro da polifonia barata, exibindo aos olhos do público umas gracinhas de cavalo sábio. Alguns, que se dizem compositores, embora de uma falta de consciência profissional berrante, tomaram um tema folclórico, trituraram-no e juntaram-no ao miolo de pão dos efeitos batidos. E o que é positivamente alarmante é que o público já começa a apreciar os bolinhos de tostão assim confeccionados.

Por que se toleram e mesmo se aplaudem entre nós tais manipanços? Pelas razões que Mário de Andrade apontou em *Música do Brasil*: "o despoliciamento intelectual do país, de editores, jornais e revistas especialmente, a camaradagem da crítica tão madrinha como comodista, permitiu esse estado assombroso de coisas, cujo menor efeito ainda é a superstição nacional do talento". Mais adiante, em frase que dá a chave da explicação: "Mas a falta de técnica do compositor brasileiro é determinada principalmente pela nossa situação econômica."

Como princípio e do ponto de vista geral é aceitável. Evidentemente, não tendo à sua disposição os conjuntos que lhe interpretem as obras e as provem de modo decisivo, permitindo a eliminação de defeitos, não podendo, por outro lado, por falta de meios, realizar as viagens à Europa, que o poriam em contato com os grandes centros musicais, o compositor patrício tem de se manter numa tal ou qual ignorância. Mas no que não se insistiu bastante foi nos prejuízos do fetichismo nacionalista.

Não estou aqui, e nem poderia fazê-lo, defendendo internacionalismo musical. Depois de Wagner na Alemanha, o Grupo dos Cinco da Rússia, a escola tcheca, Pedrel na Espanha, Villa-Lobos no Brasil, a consciência musical

UMA VOZ NA PLATÉIA

de cada nação parece definitivamente fixada. Percebeu-se que o universalismo era uma ilusão, oriunda da adoção de um tipo de música (como por exemplo, o domínio dos modismos alemães até quase o fim do século XIX) por todos os povos.

Mas a propósito do mesmo Wagner, cumpre citar o que escreveu Nietzsche em *O Caso Wagner* – que a música que emanava das colinas sagradas de Bayreuth, em sua busca deliberada dos motivos nacionais se afastara do coração da Alemanha. Porque nacionalismo demasiado e intencional é ainda uma forma de exotismo. O comprazimento com os aspectos pitorescos das melodias pátrias, leva longe da expressão simples e sincera dos sentimentos nativos.

Sem endossarmos os ataques amargos de Nietzsche, reconhecemos algo de verdadeiro no trecho. Uma fuga de Bach, com o desatavio e nudez de sua construção geométrica, é mais profundamente alemã que qualquer passagem de Wagner.

Passando destes gigantes aos nossos minúsculos poedeiros de melodiazinhas para corais ou piano, gostaria que se compenetrassem dessa verdade. Vejam como o grande talento de Villa-Lobos e vários outros que seria longo citar já a percebeu. Da *Prole do Bebê* às *Bachianas Brasileiras*, que magnífica evolução! Deixando de lado as pequenas peças fáceis, embora nele fossem arranjadas com muito mais gosto e ciência do que nos outros, lançou-se à pesquisa das puras formas de nossa linguagem musical. Sinta-se o esforço de Mignone em traduzir o sentimento de religiosidade do povo brasileiro, tão mesclado de influências africanas, em *Festas das Igrejas*, sem precisar da exploração desesperada da temática popular!

Aprendam que o importante é a fixação dos ritmos, volteios melódicos e inflexões harmoniosas com as quais um povo exprime sua tristeza, sua alegria, seus cantos de guerra, suas preces à divindade, seus sofrimentos, suas lutas, seus triunfos! Os motivos folclóricos que, aliás, na maiorias das vezes não passam de trechos de canções eruditas degradadas, não devem se sobrepor à livre inspiração pessoal. (Pergunta-se se os moluscos em apreço terão a mínima inspiração...)

Em que possa haver de petulante em minha atitude, não se confunda, entretanto, com a do mestre-escola em distribuição de prêmios, punindo os vagabundos, recompensando os trabalhadores. Limito-me a interpretar os desejos do público da platéia, que não tem coragem de se manifestar. A gente lá de cima quando o corinho acabou de sussurrar o *Luar do Sertão*, ou o pianista X executou uma dancinha qualquer grita "Bis! Bis! Bis!"ou então: *"Rêve d'amour de Chopén!"*

Nós, cá de baixo, temos o direito de ser ouvidos. Exigimos regentes da qualidade de um Sousa Lima, um Camargo Guarnieri, um Mehlich. Clamamos energicamente pela barragem dos piolhinhos melódicos catados na cabeça musical do povo. Conjuramos os compositores a, supondo que não possam suprir-se por razões materiais de uma técnica razoável, ao menos adquirir algum conhecimento do ofício a que os azares da vida os conduziram. Sobretudo que executem as obras dos bons autores! Queremos, tão somente, esta coisa espantosa e insólita – boa música brasileira no Brasil!

N.º 6, novembro de 1941

OS CONDENADOS [1]

Nestes fins de 41, princípios de 42, a palavra que mais se ouve nos meios literários do Brasil é geração. Depois de 20 anos de atividades, os homens que fizeram a "Semana de Arte Moderna" são chamados a depor. A exemplo do que fizera Manuel Bandeira, Mário de Andrade publica suas poesias completas. E eis que a Livraria do Globo se resolve a reeditar as primeiras obras de Oswald de Andrade. Parece tratar-se de um balanço geral dos valores acrescentados ao nosso patrimônio artístico pela famosa geração do centenário.

Estas visões retrospectivas nos permitem combater com segurança algumas opiniões injustas e inverídicas que contra ela assacam certos indivíduos que se dizem moços, e mesmo fazem disso profissão de fé.

Tem-se dito e repetido que o grupo de 22 era constituído por diletantes decadentes e corrosivos, unicamente ocupados em destruírem toda e qualquer regra artística ou moral. Para certos reacionários timoratos, dopados com heroína importada, o característico do movimento modernista foi o niilismo total, a licença concedida a toda sorte de loucuras para se manifestarem. Tetanizados por um auto-hipnotismo mais ou menos consciente, não sabem o que seja renovação e não sentem o fascínio "dos olhos do caos que luzem através da máscara da ordem" como disse Novalis. Não compreenderam que

---

1. Oswald de Andrade, *Os Condenados*, Porto Alegre, Livraria do Globo, 1941. (N. O.)

TEMPO DE *CLIMA*

a força destruidora estava na razão direta dos valores novos que se pretendia revelar.

Para desfazer a acusação de estetismo frio, de preocupação unicamente formal, bastaria *Os Condenados*. Sem dúvida é um livro bem feito, cem vezes melhor como técnica do que quantas linsdorregadas de segunda ordem que têm pululado no seio amigo de José Olímpio. Na época em que foi escrito deve ter sido um verdadeiro acontecimento. Compare-se com as finuras psicológicas à Paul Bourget de *A Esfinge*[2].

Mas o que impressiona também é a profunda vibração trágica, a atmosfera dolorosa, talvez acentuada com exagero ingênuo, mas sentido.

A modernidade da forma chega a espantar. A narrativa em ritmo forte, vivo, continuamente quebrado, arquejante, é o veículo próprio para a história sombria que pretende nos inocular. As linhas da trama são absolutamente nuas. Apenas o essencial do romance é contado. Não existe a menor "gala de estilo". Mesmo os tecidos de ligação e revestimento foram suprimidos. São nervos e músculos que se agitam escorchados e sangrentos diante de nós, numa estranha preparação anatômica *in vivo*.

Um exemplo da segunda parte, "A Estrela de Absinto". Mauro Glade, o homem sinistro que tinha arrastado Alma à prostituição, aparece logo no início, é provocado pelo amante que a acompanhava, o escultor Jorge d'Alvellos. E não reage. Continua a vida de Jorge com Alma, dolorosa, torturada. Não se fala mais no explorador. No meio do livro há uma briga entre os dois por causa de outro amante que ela arranja. Jorge sai de casa, perambula pela cidade, encontra uma mulher e a acompanha:

Era banal sem inteligência, sem atrativos. Ele manteve-se frio, incoerente, absurdo. A mulher chamou-o de viciado, depois perguntou se sabia anedotas. Quis excitálo inutilmente. Ele pagou e saiu.

Mauro atirou-se num ímpeto de morte. Ela quis salvar-se, correr para o quarto de Milagre. Arrastava-se de cócoras, gemendo, o rosto marcado de terror.

Ele agarrara-a e batia. Espedaçou-a contra um móvel. Voltou como um fugitivo. Saiu. Ela ficou esticada no sobrado. Parecia que lhe tivessem arrancado qualquer coisa lá dentro.

Na alva estrelada Jorge d'Alvellos acorrido, pediu a Deus, de joelhos, no patamar solitário, que fizesse parar a terra, para que não amanhecesse.

---

2. Ruy Coelho alude ao romance deste nome, de Afrânio Peixoto, publicado em 1911.

Não se sabe como Mauro descobrira o novo endereço de Alma nem quando voltara, nem como penetrara na casa, nem que móveis o impeliram a esse ato. É econômico e sóbrio. Mas por vezes cai no esquecimento demasiadamente seco.

Um processo de que se utiliza Oswald e que se poderia chamar cinematográfico, já fôra por mim notado em William Faulkner, principalmente em *Sanctuary*. Uma cena esclarecerá o que quero dizer. Na primeira parte, "Alma", mostra-se a desgraçada moça já se habituando à vida de prostituição. Passa-se num *rendez-vous*:

O rapaz curvo voltou ao piano.

Uma fulva criança de 20 anos veio vindo lá de dentro com um velhote. Parecia tonta. Ensaiou no meio da sala alguns passos esbeltos, à tarantela que ressoava. Ria-se numa desigualdade de tons, roçando pelo velho o corpo juvenil e mostrando a perfeição dos dentes. A chilena grávida na sua poltrona esbodegava-se de alegria expansiva. A inglesa torcia de riso o corpo franzino.

Convencido, surdo à algazarra, o pianista continuava de costas a sonora melodia napolitana.

A menina de 20 anos, que tinha o estranho nome de Alma, centralizava as atenções, fazia momices ao músico, jogava as pernas para o alto.

Tenho a impressão de uma cena de tela. Abre-se uma porta e aparece uma sala. Depois a menina ruiva, que a distância não permite ver quem é. Aproxima-se a objetiva, que acompanha o visitante e revela Alma. De quando em vez a narrativa desloca-se para ângulos subjetivos. Mas o que em Faulkner é sistema em Oswald de Andrade é incidental. Embora em *Os Condenados* a sucessão de imagens tenha um ritmo interessante, o cinema do autor de *Sanctuary*, *Sound and Fury* e *Ligth in August* é mais rico. Nem seria possível encontrar esta técnica avançada num principiante. Mas o seu instinto de romancista nato lhe indicava alguns efeitos seguros. O livro todo mostra a mão do artífice, o esforço de aprimorar os meios de expressão.

Pelos trechos transcritos pode-se ter uma idéia do tom geral da obra. É uma das mais românticas que tenho lido. Romântica sim, Oswald, em que lhe pesem as pretensões violentamente realistas de então. Concordo plenamente com a senhora Lúcia Miguel Pereira quando aponta o romantismo dos nossos naturalistas.

Talvez o epíteto romântico aplicado a Oswaldo de Andrade cause espécie àqueles que lhe conhecem tão somente o aspecto antropofágico e o *Serafim*

Ponte Grande, cuja musa está mais acostumada a "laugh and shake in Rabelais easy chair," do que entoar os ternos madrigais ou suaves elegias, que parecem coadunar-se naturalmente com o termo romântico.

Seria exaustivo e ocioso voltar eu à discussão do que seja Romantismo, questão já focalizada em toda uma série de conferências publicadas nesta revista. Mas me parece que neste livro se encontra a deformação da realidade por uma sensibilidade exagerada que está ligada a qualquer definição de Romantismo. Não importa que em lugar a ação se passa na Espanha ou na Itália, entre condes e marquesas como nos "Contes d'Espagne et d'Italie", decorra em São Paulo entre *caftens*, prostitutas e ... artistas. No fundo são as mesmas paixões violentíssimas e incontidas, os sacrifícios sublimes, os suicídios e assassinatos por amor.

As personagens são vagas e mal caracterizadas, títeres trágicos movidos pelos fios do autor. Passam por nós, nós as vemos, elas se agitam, gritam, choram, mas delas nada ficamos sabendo. Nada revelam de sua essência própria, das reações específicas frente aos choques do exterior. De alguns guardamos uma vaga impressão física. Sei que Alma é uma menina ruiva, de olhos verdes de gata, corpo franzino, que em "A Estrela de Absinto" aparece transformada em mulher feita, de corpo escultural. Mais nada. Sua paixão tenaz por Mauro Glade, figura adunca e sinistra, maldade pura, não é explicada, é-nos imposta. São figuras lineares, sem a complexidade de verdadeiras criações literárias.

Com tudo isso, há em *Os Condenados* uma imensa sinceridade. Vê-se claramente que naquela época Oswald devia ser um homem todo afetividade. Os tipos do livro só existem para sofrer. Sofrer com um obscuro sentido da fatalidade das coisas, sem teorias, cruamente, brasileiramente. Não se alçam a uma compreensão do sofrimento, dominando-o portanto. Limitam-se a reações elementares. Nota-se a completa ausência de idéias gerais que tira a profundidade do romance. Todas as soluções intelectuais são atingidas por via emotiva, mercê de circunstâncias fortuitas ou encontros com pessoas cujo poder de sugestão leva a aceitar o que propõem. Assim o catolicismo no fim de *A Estrela de Absinto* e o marxismo que encerra *A Escada*.

Dirá Oswald que estou de má fé, que a justificação se encontra no próprio livro – "A sua adesão ao marxismo não dissimulava esse lado apaixonado que ele punha em todos os seus devotamentos. Ele era assim, formara-se assim. Só assim se podia ter sinceramente agregado ao socialismo anti-romântico, calculado, construtor. Romanticamente".

Não quero discutir o ponto de vista doutrinário, ainda perigoso. Admito que um homem possa ser conduzido ao marxismo por impulsos românticos. Mas quero que me façam sentir, artisticamente, como isso se deu, as reações interiores, os processos que determinaram essa atitude. É isto que não se encontra no livro. Em três páginas surge uma tal Mongol, fala com Jorge d'Alvellos, influencia-o, ele tem uma crise, adoece, vai para cama à morte, tem sonhos em que vê Deus de macacão operário, cura-se, e levanta-se um marxista dos mais convictos. E isso por um "tour de passe-passe", enquanto Stálin esfrega um olho.

Estas são as principais falhas. E são graves, não o escondo. Mas o livro, para quem escrevera em 1916 as peças *Mon coeur balance* e *Leur âme* em colaboração com Guilherme de Almeida e dedicadas a "Mr. Washington Luiz Pereira de Sousa, Prefet de la ville de São Paulo", constitui imenso progresso. Para a época também foi importantíssimo. A poderosa novidade técnica, a coragem de um naturalismo que não se limitasse à cretinice pornográfica de *A Carne* assinalaram um marco em nossa literatura.

Afora o critério literário, esta obra teve para mim uma grande simpatia humana. Mostrou-me o outro aspecto de Oswald de Andrade, o cultor da irreverência, o niilista terrível – um homem que sofreu intensamente. E a reação ante o sofrimento é ainda a melhor medida da dignidade do valor individual.

Não se doa Oswald com as críticas, talvez severas em excesso. Achei meu dever de moço exprimir a opinião sincera acerca desse livro de mocidade. Fi-lo pela estima que lhe dedico, sem sombra de hostilidade. Os pontos de referência que me guiaram nem sempre foram o padrão abstrato do conceito de um bom romance. Mentalmente estabelecia comparações com o *Serafim Ponte Grande* e com os trechos que me foram lidos de *Marco Zero*. Ressaltavam o vigor expressivo das personagens do *Serafim*, que se alçam diante de nós com toda sua safadeza congênita, a homérica gargalhada ante as misérias e ridículos de uma classe social semi-decomposta. Imagino o que possa ser, em face do que já conheço, através desse poder de expressão, da técnica evoluída e perfeitamente dominada, a maturidade de pensamento da obra suprema do único grande romancista que a geração de 22 nos deu. Aguardemos *Marco Zero*.

Nº 8, janeiro de 1942

Introdução ao Método Crítico[1]

> *L' uomo, monotono universo,*
> *Crede allargarsi i suoi beni.*
> *Ma dalle sue mane febbrili,*
> *Senza fine non escono che limiti.*
> Ungaretti.

Vivemos numa época de proliferação de críticas e de críticos. Nunca o fenômeno artístico foi tão analisado, explorado, pesado, esquadrinhado, torturado... O que talvez constitua prova da pobreza artística da nossa época. Faço essa sugestão a medo, pois tocamos aqui num problema dos mais delicados, qual seja a relação entre a inteligência e a inspiração numa obra de arte. Fique bem claro que não sou daqueles que vêem no artista exclusivamente um ser do gênero dos profetas ou iluminados que atingem as realidades por via da pura intuição mística. Nesse caso, a tentativa para verem claro dentro de si seria suficiente para, quebrando esse estado de graça, matar a inspiração nas fontes. Isso de fato sucede em muitos casos.

Cumpre porém distinguir entre os táticos e os estrategistas, como os chamou com pitoresco e justeza Almeida Sales. Os primeiros (e poderia formar um farto rol de nomes com os romancistas do nordeste) são os que na infância e adolescência sentiram-se vibrar ante os variados aspectos que a existência lhes apresentava. Assim formaram um filão de impressões e emoções mal definidas, em elaboração subterrânea. Apenas constituída a personalidade, tomam-se da

---

1. Publicado inicialmente, com o título "Da crítica", em *Clima*, nº 10, junho de 1942, sem bibliografia.

ânsia de revelarem este mundo interior. E põem-se a fazê-lo sem medir os meios, sem nem sequer pensar neles. "Fabricando fit faber." E eis que surgem as obras, caóticas e aventurosas, surpreendendo muitas vezes ao próprio autor. Poderia apontar como paradigma desse grupo Rimbaud. Em geral, uma vez esgotado o filão, acabou-se o artista. Bendigo os que, como o genial autor de *Les illuminations*, deixam inteiramente a arte e passam a consumir sua porção da vida em espécie. Raros, raríssimos têm essa coragem. A maioria fica repetindo-se e plagiando-se a si mesmos, cansando-se e cansando os leitores.

Os outros, os estrategistas, não dão à inspiração essa via curto-circuitária. Armazenam dentro de si o que lhes vem do mundo exterior, fecundando-o e elaborando-o. Os meios de expressão são cuidadosamente forjados. Quando se estabelece a perfeita adequação entre o sonho interior e a sua forma concreta, o verbo faz-se carne, temos a obra acabada. Um homem como Ungaretti chegou a refazer vinte vezes uma poesia. O mesmo quanto a Valéry ou André Gide. (Cito ao acaso os nomes que me caem da pena).

O necessário, porém, é que esta pesquisa seja dirigida pela vontade de eclosão de um grande sentimento ou de uma grande idéia, como o fio d'água que vence rochas duras ou espessas camadas de limo, para brotar em fonte cristalina. O que é diferente do processo, tão comum hoje em dia, em que a inteligência intervém diretamente na criação, usando de seus métodos lógicos e racionais. Os livros de Huxley, a meio caminho entre o romance e o ensaio, solicitam uma admiração de gênero dúbio, ignorando se deve dirigir-se ao pensador ou ao artista. Esse truque de trapaceiro, que vicia as cartas para ganhar no ponto e na banca, foi denunciado com grande exatidão por Antonio Candido no seu artigo: "O Romance Vendeu sua Alma". É preciso que uma expressão requintada seja o fruto de laboriosas experiências surgidas organicamente do espírito criador. Não vejo em que os estudos de perspectiva tenham prejudicado os quadros de Leonardo Da Vinci.

Bato-me portanto contra o ponto de vista que faz do gênio uma longa paciência e contra o que faz dele uma curta impaciência. Mas não é para chegar ao meio-termo conciliador. Só pela passagem vital através das duas atitudes, e integração das qualidades de ambas, é que um artista se torna verdadeiramente grande.

Tal se passou nas épocas em que a arte atingiu as culminâncias. Os processos de criação, apesar de extremamente desenvolvidos do ponto de vista intelectual, se conservavam inconscientes. Hoje se procura trazer tudo à luz do dia, destripando-se muitas vezes as galinhas de ovos de ouro. Quando tivermos a

INTRODUÇÃO AO MÉTODO CRÍTICO

perspectiva devida, talvez o movimento surrealista seja julgado mais em razão dos valores que revelou (um Aloysius Bertrand, um Lautréamont) e de suas idéias, do que propriamente à vista de realizações no campo da arte. Foi com o Romantismo, no seu esforço em quebrar os cânones reinantes, que assistimos o nascer dessa crítica dissolvente. (Tomamos esse termo em sua acepção química e não moral). Sainte-Beuve em primeiro lugar, expôs este fato surpreendente e simples: que as produções artísticas, em grande parte, estavam ligadas à biografia do artista.

Com o imenso desenvolvimento que tomou a ciência na segunda metade do século XIX, ficaram os homens alucinados com a precisão de seus resultados e as perspectivas imensas que abria. Daí a tentativa prematura de Taine, lançando sua crítica científica com tão grande êxito. Seria trabalho inútil apanhar nas suas minúcias a estética taineana, salientando-lhe todas as falhas. Baseada nos dados primeiros e incertos que as ciências humanas lhe forneciam, e em noções sem conteúdo preciso como "momento cultural", não podia resistir à ação do tempo. Depressa dela se desiludiram.

Substitue-se-lhe uma crítica que renunciava a perquirições mais profundas, limitando-se a apresentar uma série de impressões despertadas pela obra em análise, bordando sobre essa talagarça considerações mais ou menos interessantes, dependendo do talento de quem escrevia. Quero dizer com isso, que em tais críticas, eliminadas quaisquer referências ao autor e à obra em questão, nada perderiam.

Ainda há em nossos dias quem pense poder fazer crítica científica ou impressionista.

A primeira não me parece hoje com mais credenciais, embora nossos conhecimentos sobre o homem estejam mais avançados. Principalmente a Biologia, a Psicologia e as Ciências Sociais tiveram um belo surto de progresso. Mesmo assim, a primeira só depois de 1900 consegue atingir noções precisas a respeito do problema de hereditariedade. Quanto à Psicologia, se abriu novos horizontes, destruindo velhas crenças, seu papel principal foi de mostrar o muito que temos a percorrer nesses caminhos. As Ciências Sociais renunciaram honestamente a generalizações brilhantes, incapazes de apoiar-se em dados concretos, pedindo às ciências afins, como a História e a Geografia, tais dados. Que confiança nos pode inspirar uma interpretação literária que se valha unicamente desses resultados incipientes?

E o que é mais grave, é um erro de atitude. A ciência, como disse Hegel, é o mundo das relações. Partindo de um ponto de apoio indiscutido e inde-

TEMPO DE *CLIMA*

monstrado, constrói-se um edifício perfeitamente lógico e coerente. Mas essa construção é de um tipo especial, pois os alicerces dependem tanto da cúpula quanto esta deles. Assim, a Geometria, por exemplo, durante muito tempo tomou por base as definições de pontos, linhas e planos de Euclides. Segundo Arquimedes, a reta é a menor distância entre dois pontos. Para se conhecer qual a menor distância entre dois pontos é necessário medi-la, o que só é possível com uma escala rígida. A qual pressupõe a noção de reta. E assim por diante.

Hoje o conceito relativista de ciência nos é familiar através dos livros de vulgarização, como o de Eddington, do qual tirei estas noções. Muitos sociólogos chegaram a se alarmar com a difusão desta mentalidade. Counts diz em *Social Foundations of Education*:

> To the scientific mind, nothing is certain, nothing is final, nothing is sacred, all things are in flux, all conclusions are tentative, all values are functions of time and circumstance. Even the most firmly established truth can be repudiated to-morrow. Under the rule of science, therefore, no solid rock of belief can remain, to which man can cling in time, either of fortune or adversity, unless it be the method of science itself [2].

Não cabe, dentro dos limites que me impus, a discussão da realidade e posição da ciência. O que me parece indubitável é que a aplicação integral do método científico às coisas da arte, pela sua introdução nesta atmosfera rarefeita da relação pura, arrisca-se a passar ao lado do pitoresco, do único, dos conteúdos vitais insecáveis, em suma, do mais interessante. "Aimer ce que jamais on ne verra deux fois" continua uma boa regra.

Outros tantos reproches farei à crítica impressionista. Espíritos proustianos, os que a ela se filiam, arrastam por toda parte um eu enorme e entulhante, que cria entre eles e o mundo exterior um nevoeiro, projeção de si próprios. Assim, quando nos falam, estão sempre fazendo confidências. Quando Mário de Andrade escreve que gostou de um coro infantil porque era composto de crianças graciosamente indisciplinadas, nada digo, por respeito ao nosso grande

---

2. "Para a mente científica, nada é seguro, nada é definitivo, nada é sagrado, todas as coisas estão em fluxo, todas as conclusões são tentativas, todos os valores são funções de tempo e circunstância. Mesmo a verdade mais firmemente estabelecida pode ser repudiada amanhã. Sob a regra da ciência, portanto, nenhuma rocha sólida de crença pode resistir, à qual o homem possa se agarrar no tempo, seja feita de fortuna ou de adversidade, a não ser o próprio método científico."

INTRODUÇÃO AO MÉTODO CRÍTICO

Mário nacional, embora guarde a convicção íntima de que a qualidade principal de um conjunto coral, qualquer que seja, é a harmonização de vozes. E isso ainda é Mário... A muito patife por aí, a única coisa eu pediria é que, em lugar de dar à luz as reflexões pessoais, mesmo que fosse em forma de diário íntimo, as jogasse a uma fogueira inquisicional.

Portanto, se a dissolução científica não convém à arte, se o Impressionismo pode produzir artigos muito interessantes e agradáveis, mas não chega a ser crítica, qual o método a empregar? Foi quando os grandes artistas e os estudiosos de filosofia começaram a se ocupar de Literatura. Surgiu a crítica criadora. E surgiu a crítica filosófica.

Entre esses dois gêneros não existe, praticamente, divisão alguma. Passaremos a estudá-los em conjunto.

Há muito que se notara a grande analogia entre o espírito do crítico literário e o do filósofo. Ambos tendem para uma revelação de essências. Num caso, trata-se da vida humana concreta, com seus problemas, suas ciências, suas angústias, seus desapontamentos e crises. Noutro, o objeto é a vida de fantasia, emanação da primeira. Eis porque Ramon Fernandez queria que se definisse a crítica filosófica como uma ontologia imaginativa. Entre uma e outra não existe oposição, antes ligamentos íntimos e orgânicos porque a imaginação, no ensinamento precioso de Charles Morgan, é o sonho de Adão: ele acordou e achou verdadeiro.

O filósofo é aquele que, vivendo o drama humano na sua plenitude, se alça acima dele, tentando formular suas experiências e interrogações em idéias abstratas. O artista as cristaliza em sentimentos, em emoções, em vibrações. Mas o resultado em ambos é o mesmo amargo licor vindimado nos embates com a existência, nas angústias e desadaptações, nas quedas e superamentos, no triunfo e domínio das coisas, pela sua compreensão emocional ou filosófica. Assim, em toda produção artística existe, como vigamento profundo, uma concepção de vida que lhe dá sentido, capaz de ser destrinçada e trazida à luz. Como existe, nos sistemas filosóficos, uma expressão formal suscetível de provocar sensações de beleza.

Portanto, aí temos a primeira tarefa do crítico filosófico: corporificar em um todo harmonioso as concepções entrevistas, claramente expressas ou surgidas dos próprios movimentos vitais das personagens. Então cumpre discutir as soluções apresentadas, em face das próprias idéias e das dos outros, descobrir as relações com essas. Vários métodos se nos apresentam. Vejamos em primeiro lugar o que poderíamos chamar de método interno puro.

TEMPO DE *CLIMA*

O crítico fluidifica-se para se introduzir na obra, procura projetar-se no seu âmago, atingir a intuição geradora (para falarmos em linguagem bergsoniana). É a consciência turbilhão penetrando no objeto pela força de seu gênio intuitivo. São desse tipo os trabalhos críticos dos grandes artistas, de Ungaretti, por exemplo. Mas esse gênio não é de encontro cotidiano, nem anda pelas ruas aos trambolhões. Para o indivíduo comum comporta um grave perigo: a renúncia a si próprio e consequente desarmamento crítico. Pode, muitas vezes, ficar reduzido a uma série de constatações incolores, desvirilizadas, sem a coragem de uma atitude.

Agora o método externo puro (Henri Massis e seus *Jugements*). Este suprime a compreensão da obra como produto de uma vida de trabalho e sofrimento. Consiste em aplicar sobre o conjunto ideológico que um artista apresenta o seu estalão rígido. As idéias valem na medida em que se afastam ou se aproximam deste estalão, a despeito das circunstâncias históricas diferentes que as produziram.

O método que exporei a seguir engloba e supera todos que até agora vimos. Não pretendo que seja original. É de inspiração hegeliana, mas me foi também sugerido, em parte, por Jean Paul Sartre.

Em toda essa evolução histórica existem alguns pontos que podem ser fixados. Do velho Sainte-Beuve reteremos a importância que dava à trama dos acontecimentos e reações que, formando uma vida individual, repercutem na obra. Sem dúvida, a biografia não pode explicar tudo. Milhares de indivíduos passaram pelas vicissitudes de um Dostoiévski e não escreveram os *Irmãos Karamazoff*. Mas na vida de Dostoiévski houve circunstâncias particulares que, se não produziram, ao menos, deram oportunidade para a eclosão desse romance. A Psicanálise permite, através do estudo genético aprofundado do caráter individual, em face dessas circunstâncias, o esclarecimento de vários problemas artísticos.

Uma das grandes conquistas de Freud para a ciência foi o ter estabelecido pela primeira vez, de uma maneira verdadeiramente precisa, as relações entre o psiquismo individual e a pressão coletiva. Graças a ele, sabemos que desde que o indivíduo nasce é apanhado pela sociedade, que faz passar as aspirações instintivas de que é portador por diferentes laminadores, dandolhes em seguida têmpera e forma. Depois, é ela que lhe incute, por intermédio dos pais, mestres, e demais componentes das gerações adultas, o acervo cultural, as tradições, regras e normas que vigoram no momento. Para se saber de que maneira o artista se entrosou nessa sociedade, o seu grau de

INTRODUÇÃO AO MÉTODO CRÍTICO

adaptação, suas reações e as influências na obra, torna-se necessário conhecer o ambiente social em que viveu.

Faz-se portanto apelo à História e à Sociologia. Mas como essas ciências, pela complexidade de seu objeto, não puderam ultrapassar uma fase em que a descrição soprepuja amplamente a explicação, corremos o perigo de ficar com uma noção puramente estática. O aspecto dinâmico melhor estudado, e cuja importância é preponderante, nos é dado pela dialética econômica. O papel fundamental do domínio técnico das coisas, e sua influência no condicionamento dos fenômenos sociais, ressalta com nitidez cada vez maior.

Parece que caímos em cheio na famosa crítica científica e dissolvente, combatida pouco atrás. A contradição é apenas aparente. Taine, com atraso em relação ao pensamento científico do seu tempo, ainda adotava para as ciências humanas uma noção próxima da de causa eficiente, que as outras ciências já tinham abandonado. Stuart-Mill já expusera sua lógica. Sua idéia a respeito de causa quase se confunde com o conceito matemático de função. Assim quando se afirma que um período de florescimento artístico depende de um desenvolvimento econômico, não se pretende que o segundo tenha arrancado o primeiro do nada, como o Deus da Bíblia.

Sem dúvida, é necessário por limites a essa investigação. O próprio Sartre, em *La liberté chez Mauriac*, fez uma afirmação capital: "L' historicisme pur mène au relativisme pur"[3]. Acabaríamos na posição de Hume, quando diz que qualquer coisa pode produzir qualquer coisa.

Mas existem núcleos estáveis e indissolúveis nas grandes obras – são os valores estéticos e humanos que revelam. E estes podem ser discutidos em si e comparados com outros.

Esta crítica portanto é ao mesmo tempo externa e interna. Diante de uma experiência artística, procura-se em primeiro lugar revivê-la tal qual se deu. Para isso é preciso determinar o seu movimento imanente, penetrando nela do exterior, sem destruir seu conteúdo. Uma vez determinadas as circunstâncias externas que influíram sobre o autor e conhecidas as suas reações contra elas e o processo de cristalização da obra, estamos aptos a penetrar-lhe no conteúdo e apreciar-lhe o sentido essencial. Nem a intuição, nem a razão se opõem ou tem primazia uma sobre outra. A primeira guia a segunda e lhe mostra os pontos a serem atacados. À medida que a análise racional progride, aclara-se e se corrige a visão intuitiva. É que tanto uma como outra são emanações da consciência que jorra sobre o

---

3. "O historicismo puro leva ao relativismo puro."

89

TEMPO DE *CLIMA*

mundo, não diferindo quanto à natureza. Necessário se faz agora prolongar e ultrapassar esse movimento imanente nele mesmo. Toda obra conclui por uma atitude vital e proposição de valores. Trata-se de procurar compreendê-los como resposta humana a uma situação de fato. Daí uma discussão e comparação com as atitudes e valores que outros tiveram não ser uma aferição por um padrão constante. Uma concepção do mundo é sempre relativa ao momento em que viveu seu criador. Procura-se ver em seguida quais os problemas e exigências do momento atual e em que a experiência em questão pode ainda ser válida do ponto de vista filosófico e estético.

Com tudo isso, o que conseguimos? Circunscrever um pouco o mistério da criação em extensão, aumentando-lhe a profundidade. E também ficar de posse de um instrumento complexo e delicado que permite avaliar o título e resistência de uma produção artística.

Essa lucidez crítica indica, igualmente, que o mundo retratado nas obras de arte que analisamos está irremediavelmente morto. Hegel, no prefácio à *Filosofia do Direito*, mostra como a clarividência intelectual dos últimos filósofos gregos indica a decadência da Grécia. Só se decompõe em fragmentos o que já pereceu. "Quando a filosofia pinta em claro-escuro, um aspecto da vida já envelheceu e não se pode rejuvenecê-lo na penumbra, apenas reconhecer que a coruja de Minerva inicia seu vôo ao entardecer".

Mas há muitos ainda que não se resignam a constatar melancolicamente o que é, cruzando os braços em seguida, mas procuram determinar o que deve ser. Em meio à languidez e evanescência da literatura moderna há manifestações de vitalidade e protestos das energias vivas. Um Giono, um Bernanos, um Céline (o Céline de *Voyage au bout de la nuit*, é claro), jamais poderiam ser taxados de decadentes. O que nos salva de sermos melancólicos oficiais de registro de óbitos, comentadores saudosistas das crônicas de épocas passadas, é esse obscuro sentir das forças nas trevas em que nascerá a aurora. Do caos sangrento e tumultuoso do mundo atual, já se ouve, abafada e distante ainda, a clara ária de flauta, que se elevará no mundo futuro de serenidade.

Bibliografia

Almeida Sales, F. L. – "Estrategistas e Táticos", *Planalto*, n.º 1.
Andrade, Mário de – Críticas musicais no periódico *Planalto*.

Antonio Candido – "O Romance Vendeu sua Alma", *Clima*, n.º 6.

Counts, G. S. – *Social Foundations of Education*, New York, Harcourt and Brace.

Hegel, G. W. F. – *Filosofia de la Historia Universal*, trad. José Gaos, *Revista de Occidente*, Madrid, 2 vol.

Hegel, G. W. F. – *Lineas Fundamentales de la Filosofia del Derecho*, introdução por Karl Marx, trad. Angelica Mendonza Montero, Buenos Aires, Claridad.

Massis, Henri – *Jugements: Renan, France, Barrés*, Paris, Plon.

Massis, Henri – *Jugements: André Gide, Romain Rolland, Georges Duhamel, Julien Benda. Les chapelles littéraires*, Paris, Plon.

Sainte-Beuve, H. – *Les causeries du lundi*, Paris, Garnier Frères, 16 volumes.

Sartre, Jean Paul – "La Liberté chez Mauriac", *Nouvelle revue française*, n.º 332, 1 de janeiro de 1939.

L'ANNONCE FAITE À MARIE
DE PAUL CLAUDEL[1]

De início cumpre esclarecer um equívoco: muita gente, ao ver o título *L'Annonce faite à Marie*, mistério em 4 atos e um prólogo de Paul Claudel, julgou tratar-se de um espetáculo segundo os moldes medievais. E uma grande parte ainda saiu do Municipal com essa idéia. Nada menos exato. Trata-se de uma obra inteiramente moderna. É uma tentativa de um poeta católico do século XX (e uma das maiores expressões poéticas nele surgidas) de retomar contato com os valores espirituais que animaram a Igreja na Idade Média.

Não presidiu, entretanto, à sua feitura a preocupação com o detalhe exato e pitoresco da reconstrução histórica. É antes um quadro alegórico, à maneira das velhas cartas geográficas, em que as diferentes regiões apareciam com todas as particularidades representadas por símbolos ingênuos. Na peça aparecem as guerras, as cruzadas, a construção de catedrais, as dissensões religiosas, papas, antipapas e concílios, o fervor religioso, os santos e milagres, a miséria, a lepra... Tudo tendo como fundo os contrastes entre a elevação espiritual e a materialidade grosseira característica de uma época em que todos os sentimentos têm enorme força, tanto as arremetidas para o alto, quanto os impulsos da carne. Porque a Idade Média viveu sob o signo da separação.

---

1. Para feitura desta nota, foi consultado o livro de Jacques Madaule, *Le Drame de Paul Claudel*. (N. O.)

TEMPO DE *CLIMA*

Eis porque todas as personagens são divididas interiormente. Algumas, como Pierre de Craon e Anne Vercors, sobrepujam esta divisão. O sombrio construtor de catedrais, como suas obras amadas, lançou aos céus a cúpula, tendo mergulhado fundamente os alicerces na terra. Não conseguiu isso por ele mesmo. Quando ambicionou a filha do amigo e chegou a querer apossar-se dela, embora a tentativa fosse frustrada, a mão de Deus o feriu de lepra. Agora não mais desejará a carne corruptível, pois a corrupção se instalou nele próprio. No prólogo, Violaine, aquela que lhe despertou violento desejo, abre-lhe a porta. Símbolo de uma outra porta que um dia lhe abrirá, mostrando-lhe através "le sombre paradis". Mas antes que ele se vá dá-lhe, para a igreja que está construindo, um anel de ouro, presente de seu noivo, Jacques Hury. E num impulso de alegria e felicidade, ela, a radiosa, beija na boca o leproso. O céu vê esta renúncia e esta aceitação da dor e as acolhe. (E também Mara, seu instrumento, presencia a cena.) Maitre Pierre, cujo olhar lúcido está acostumado a julgar as pedras, madeiras e almas, percebeu que o destino daquela moça frágil não é o de ser esposa de um lavrador, mas muito mais elevado e doloroso.

Neste prólogo já estão esboçadas as teses fundamentais que a peça desenvolve. Os homens, nas suas rotas terrestres, são conduzidos por Deus. Quando se apegam demasiadamente aos bens da terra ou às pessoas mortais, ele os separa deles, para que possam alcançá-lo. (Tese exatamente contrária à do *Soulier de Satin*, em que ele se serve dos atrativos sensoriais, das paixões que se dirigem a seres humanos ou objetos materiais como iscas que levam os homens a cumprir o seu destino.)

Assim, as cenas fundamentais (exceto a do milagre) são de despedida. Destas, a mais comovente em sua augusta simplicidade é a do velho Vercors, que parte em busca do sofrimento porque Deus o cumulou em demasia de bens numa época difícil. Ele quer que o desígnio celeste se realize, mas seu demasiado zelo o engana. Sua filha, que fica em casa, apesar de sua fragilidade e ignorância, sabe reconhecer melhor a voz do Senhor.

Para que esta separação seja aceita pelo duro camponês Jacques Hury e pela pobre mãe, já trabalhada pela desgraça, é-lhe enviada a lepra. É um belo contraste, o das duas cenas sucessivas – a violência de Jacques e a resignação dolente da velha mãe.

Com tudo isso, não se veja em *L'Annonce faite à Marie* o poema da dor sombria, inspirado num cristianismo tétrico. Um dos temas constantes de Claudel é a exaltação das forças vitais da religião fundada por Aquele que disse: "Eu sou a Ressurreição e a Vida". A cena do milagre esclarece os refolhos mais íntimos do pensamento do autor.

A pequena Aubaine, filha de Jacques e de Mara, morre, porque eles representam a terra, a matéria pura, e esta por si só não pode engendrar a vida. Mas Violaine fá-la ressurgir, dando-lhe o espírito. E os olhos dela, escuros como os de Mara, tornam-se azuis como os de sua Mãe espiritual. É no seio doloroso da leprosa que a criança revive em corpo e alma.

Quanto a Violaine, cumprida sua missão, só lhe resta morrer realizando a suprema separação. E ao pai que volta, cumpre semear com ela a terra, para que seja fecundada pelo sacrifício.

Através do desenrolar do drama perpassa o sopro poderoso do Evangelho, como através do primeiro *Fausto*, que tanto impressionou Hegel na mocidade. Daí a atmosfera hegeliana da peça. A ação progride por teses e antíteses até a luminosa síntese final. O papel de Mara, a negra, é o mesmo de Mefistófeles – provocar o movimento, não deixar as almas se entorpecerem no repouso. Quando na última cena declara que o milagre foi feito por ela, diz a verdade. Se não o realizou diretamente, provocou-o. Segundo o próprio Claudel – "Le rôle du mal en ce monde est semblable à celui de la pierre des puits – faire monter l'eau"[2].

Sobre o significado individual da história de um grupo de criaturas, que nos é narrado no drama, plaina um sentido mais amplo. Violaine não tomou em seu seio somente a dor de Mara, mas a de toda a cristandade que se dissolvia como seu corpo. Eis porque na noite de Natal em que se dá o milagre o rei Carlos VII é coroado na catedral de Reims, recém construída. Não é só Aubaine que ressurge, mas a Igreja de suas lutas íntimas, e a França da Guerra dos Cem Anos.

É a Idade Média que acaba. Em Aubaine, símbolo do Renascimento, a alma e o corpo não mais estarão divididos.

Muitos se chocaram com o tratamento excessivamente simbólico dado aos temas, com a transposição completa da realidade. Disse-me um amigo que, desde que se aceite a convenção teatral levada a tal ponto, o melhor seria produzir uma ópera.

De fato, a Idade Média foi a época da imundice, da falta de higiene, do misticismo bravio, em que a carne rugidora era domada a golpes de chibata, das violências sensuais que levavam até o crime. Deste ponto de vista,

---

2. "O papel do mal neste mundo é semelhante ao da pedra dos poços – faz subir a água".

L'Annonce faite à Marie seria inteiramente falso. Mas cada qual pode ver num momento histórico um conteúdo, sem que a diferença de aspectos signifique contradição. O Medievo se caracterizou sem dúvida pela elevação espiritual. Seriam indispensáveis esclarecimentos quanto às bases humanas dessa elevação num trabalho histórico. Ao artista é concedida toda liberdade de aproveitar-se dos elementos que lhe convierem e realizar a obra como queira. Não importa que aquelas figuras hieráticas e quase imóveis, falando com intensa poesia, na vida real não tomassem banho e blasfemassem como mouros. Aceito a convenção da cena moderna como única possibilidade do teatro subsistir. Não se pode mais admitir a *tranche de vie* exposta no palco como se fora num açougue. O contato direto com a vida é dado de modo muito mais perfeito no cinema.

Portanto, uma peça admirável quanto ao aspecto artístico.

O que reprocharia a Claudel é certo ponto de vista ideológico. Falei em Hegel a seu propósito. Mas é de notar que nesse filósofo a busca não está tão predeterminada, o progresso através de choques não leva a um lugar tão conhecido. Se o mal funciona tão a propósito e *tout est bien qui finit bien*, atrás das angústias e dores, brilha em verdade o sorriso do Dr. Pangloss.

A harmonia do universo não me parece tão claramente estabelecida. Nós, mergulhados nas contradições sangrentas e concretas do mundo moderno, não gozamos tanto as delícias da contemplação serena. A sociedade futura, na qual temos confiança, ainda está distante e precisa ser conquistada com "sangue, suor e lágrimas".

Nº 11, julho-agosto de 1942.

DOIS PENSAMENTOS DE PASCAL SOBRE O ESTILO

> Masquer la nature et la déguiser. Plus de roi, de pape, d'évêque, – mais *auguste monarque*, etc; point de Paris, – *capitale du royaume*. Il y a des lieux où il faut appeler Paris, Paris, et d'autres où il la faut appeler capitale du royaume". (42, Article premier – "Pensées sur l'esprit et le style" – *Pensées*.)[1]

Excelente e justo. O que faz do estilo de Pascal um dos maiores da língua francesa é exatamente isto, – a ausência de *galas de estilo*. A palavra não é para ele papel-moeda de curso forçado, mas deve ter como lastro uma barra de ouro titulada. Ao mesmo conceito corresponde, portanto, a mesma palavra. O sinônimo não deve ser uma "falsa janela para a simetria", (pensamento 28, idem) mas deve indicar sempre uma transição de sentido. Deste modo, determinação simples - Paris; se me refiro em seguida às cidades provincianas, e quero acentuar a posição destacada de Paris, só então me é lícito escrever – capital do reino. Daí a honestidade jansenista da linguagem pascaliana. Esforço constante em traduzir do modo mais claro e conciso um pensamento que se aprofunda e enriquece a cada passo. Mas com isso permanece simples. Suprema arte, conseguir dizer das agitações mais abstratas como as expressões mais familiares! É isto que ele quer significar com "estilo natural". "Quand on voit le style naturel, on est tout étonné et ravi, car on s'attendait de voir un auteur et on trouve un homme"[2]. (29, idem, idem).

1. "Mascarar e disfarçar a natureza. Nada de rei, papa ou bispo – mas *augusto monarca*, etc.; nada de Paris – *capital do reino*. Existem lugares onde Paris deve ser chamada Paris, e outros onde ela deve ser chamada de capital do reino". (42, Primeiro artigo – "Pensamento sobre o Espírito e o Estilo". Em *Pensamentos*.)

O homem e tão somente ele é o que interessa. Aquele que se cobre de atavios quer disfarçar a própria deformidade. O que tem a coragem de se mostrar como é, prova a confiança em seu valor. A verdadeira beleza prescinde da pesquisa da beleza, revela-se por si mesma. Quando leio uma poesia de Antonio Botto ou Carlos Drummond de Andrade, o que primeiro me chama a atenção é o apelo humano que nela habita. Depois, percebo que se esse apelo me feriu de modo tão intenso, foi pela vibração emotiva transposta num plano espiritual, ganhando com isto uma qualidade especial que provoca em mim a sensação do belo.

É que o homem que aí se exprime pertence a uma categoria que é chamada dos poetas. (O sentido dessa palavra se aprofundou mais para mim quando vi empregado o mesmo étimo grego em outras palavras, em fisiologia, por exemplo – hematopoiese, produção de sangue). São os que revelam (e portanto criam) relações insólitas entre as coisas. O *autor* começa a surgir e encobrir o homem quando ele se apossa de certo aspecto que foi novo, e passa a usá-lo como receita para despertar a mesma emoção provocada pela primeira vez que se apresentou.

E aqui está uma chave para a compreensão da arte moderna – o despojamento, a procura da pureza (musica pura, poesia pura...)

Problema: – Em que o estilo natural se confunde com o estilo vulgar? Natural= natureza. Mas na natureza está tudo – corpo, espírito e suas exigências, sociedade, estados, valores morais... É preciso *relacionar e compor*. Em outras palavras – é necessário saber o que se entende por homem. Huxley se rebela contra o "cogito ergo sum" e lhe dá como equivalentes – "caco ergo sum", "futuo, ergo sum". Mas no próprio livro não se encontra este natural bruto, mas transposto.

Comparar também com Gide, e o lema de sua obra toda: "Il faut répresenter"[3]. Representar o que? Representar, simplesmente?

N.º 12, abril, 1943

---

2. "Quando se vê o estilo natural, fica-se admirado e encantado, porque esperava-se ver um autor e encontra-se um homem".

3. "É preciso representar"

O POETA ANTONIO BOTTO

Existe um poeta no mundo cuja estréia foi saudada pela admiração de Guerra Junqueiro e Kipling, que foi chamado genial por André Gide, Pirandello e James Joyce, que recebeu as homenagens de Unamuno, Garcia Lorca, de todos os homens de letras de seu país, e que, no entanto, no Brasil, é conhecido e apreciado por ínfima minoria[1]. Já ouço a pergunta: em que língua exótica escreveu este homem, para que se nos tenha tornado assim impenetrável? Escreveu em português. Chama-se Antonio Botto. Por estranhas circunstâncias, que não pude ainda explicar, em nosso país há muita gente para a qual este nome nada significa. Nem mesmo a notoriedade de escândalo que se fez em torno dele aqui chegou.

Na época de Eça de Queiroz, em que não existiam os nossos meios eficientes de comunicação, tínhamos conhecimento dos fatos marcantes na arte e no pensamento de Portugal. O que aconteceu, de lá para cá, que fez do Atlântico um abismo intransponível? Mistério.

Quanto a mim, confesso que o descobri por acaso. Um dia, numa livraria, folheando uns raros volumes vindos dalém mar, topei com versos de tal harmonia e clareza, que me seduziram logo de início. Mais tarde, prosseguin-

---

1. Só mais tarde se soube que tais elogios haviam sido inventados pelo próprio Antonio Botto e por ele transcritos num de seus livros.

TEMPO DE *CLIMA*

do, a repulsa pelos sentimentos cantados, a condenação moral, quase me fizeram abandoná-lo. Mas a magia do verbo, a beleza excelsa da poesia me prenderam e me obrigaram a continuar a leitura, quase mau grado meu. Vencida a natural repugnância, o primeiro aspecto que impressiona é o da linguagem, de finíssimo lavor. Chamaram-no por isso, poeta-escultor. Esta metáfora pode levar a enganos. Nada mais distante do seu temperamento que o parnasianismo. Não existe em seus poemas a impassibilidade (mais aparente que real), os contornos nítidos, a luminosidade fria de um Heredia ou Leconte de Lisle. Na verdade as sugestões sensoriais que provoca são sobretudo de natureza plástica. Será escultura, mas uma espécie diferente de escultura, esta que os modernos procuraram realizar sob o nome de construtivismo ou abstracionismo. Apresenta-se com uma absoluta pureza e simplicidade de linhas. Raríssimas vezes o poeta emprega o termo precioso, de uso pouco freqüente. Para configurar suas experiências poéticas, escolhe as expressões mais comuns, que se transfiguram no mais alto sentido. Neste ponto lembra os clássicos e os primitivos, a cujo grupo pertence, pela forma e pelo espírito. Um amigo, ouvindo pela primeira vez uma poesia sua, achou-lhe um sabor acentuadamente villonesco. Nos seus momentos de arroubo lírico, lembra os versos atingidos nos pontos culminantes da língua – um Camões, um Gil Vicente. É a mesma intensidade de sentimento, o mesmo delírio, vestidos pela mesma forma pura e transparente.

Mas é já inteiramente moderno, na exploração de um valor novo – o silêncio. Utiliza-se da pausa como os construtivistas do espaço em suas esculturas. Mas, não sendo um parnasiano, um cinzelador do verso, se distingue, sobretudo, pelo predomínio do visual. Sempre que pinta, a notação das cores é exatíssima e sutil – "roxo de damasco puído"... Sua imageria é, em maior parte, visualista – "o sabor verde da derrota", a "doirada ânsia de vencer"...

Por outro lado, quando apela para outros sentidos, por exemplo, para a audição, fá-lo para notar o vago, o irrealizado, quer seja discordantemente trágico (a estúpida e réles canção popular cujas estrofes sujamente jocosas ressoam ironicamente nos momentos de drama, em que seu coração se despedaça) ou simplesmente melancólica. Por vezes, uns compassos de fado à guitarra ou farrapos de tango argentino. Outras vezes, mais impreciso, mas imaterial:

Não fales, não venhas...
Oiço agora os passos
Da minha tristeza.
(*Canções*, 1º volume das obras completas, p. 298)

Lembra Baudelaire:

Entends, ma chère, entends,
La douce nuit, qui marche[2].

A influência de Baudelaire se faz sentir por toda a obra. Há mesmo um título idêntico em ambos: "Curiosidades Estéticas". Outro ponto os aproxima – o amor ao mar. Mas o poeta português o sente com muito maior intensidade, ancestralmente, poderíamos dizer:

Ó sepultura da minha raça,
Quando me guardas a mim?

Nos momentos de calma, que a vida desgraçada lhe concede, avulta o fundo contínuo do eterno som:

Voz do mar misteriosa,
Voz do amor e da saudade!
– Ó voz moribunda e doce
– Da minha grande saudade!
(*Canções*, p. 40)

Oiço, agora, a voz do mar
Soturna, longa, dorida...
(*Canções*, p. 108)

À medida que as sensações provêm dos sentidos mais inferiores, tornam-se mais diabólicas e trevosas: "Cheira a sífilis e a morno". No universo do tato, inteiramente subterrâneo, a poesia quase não penetra.

Quero notar, de passagem, a verdade psicológica atingida pela sua intuição artística. Foi Bergson que chamou a vista de "sentido metafísico", determinando-lhe o papel de principal instrumento na elaboração dos esquema-motores. Por outro lado em *Essai sur les données immédiates de la conscience* e em *Matière et Mémoire*, as imagens auditivas servem para traduzir as realidades interiores (a sinfonia psíquica, por exemplo) ou as premonições incertas.

Antonio Botto se esforça por encontrar esta realidade visual que pressente, cheio de ânsia, através de vagas intuições sensoriais. É o que vem expresso na admirável poesia 16 de "Toda a vida":

2. "Escute, minha querida, escute / a doce noite que caminha"

TEMPO DE *CLIMA*

A minha vida é uma boca ansiosa
De um beijo prometido por alguém
Que anda a fugir na sombra da saudade
E que promete vir, – e que não vem...

Atrás dessa promessa sempre viva
No movimento vago desse beijo,
Vou perdendo o alento que me cinge
Ao caminho infinito em que me vejo.

Abro os olhos tentando interrogar
Tudo o que passa e vem ao pé de mim,
A luz, o pó, uma andorinha, um som
E o aroma distante de um jardim...

Tudo interrogo, tudo! Mas não digo
A quem pergunto às vezes muito a medo
Onde está essa voz, esse mistério
Essa esfinge imortal que é toda feita
Do que sobra na origem de um segredo?

Anda comigo? E a noite, essa viúva
Que se agarra e se prende à minha dor,
Afirma num silêncio: – está contigo,
Meu Poeta e meu pobre sonhador!

Mas vem o dia límpido ou barrado
De foscas transições ocidentais
E eu recomeço, ansioso, mas vencido,
A procurar-te, e nunca mais encontro
Senão a sensação mil vezes triste
De que me perco a ouvir a realidade
– Aquela que se vive e não existe.
(*Canções*, p. 316)

Esta poesia, além do imenso valor poético, é importante, pois permite situar Antonio Botto. É um visionário, mas de uma categoria especial. O universo que a sua delicada sensibilidade exige e que a sua imaginação artística sonha, não é um mundo fantástico, em que se encerre, como num convento. Ao contrário de Proust, não renuncia à existência. Veja-se isto:

Vida, – quero ainda
Dobrar os meus nervos
Diante de ti!
(*Canções*, p. 397)

Ou ainda a belíssima canção, das "Pequenas Canções de Cabaret":

Pelos que andaram no amor
Amarrados ao desejo
De conquistar a verdade
Nos movimentos de um beijo
Pelos que arderam na chama
Da ilusão de vencer,
E ficaram nas ruínas
Do seu falhado heroísmo
Tentando ainda viver!,
Pela ambição que perturba
E arrasta os homens à Guerra
De resultados fatais!,
Pelas lágrimas serenas
Dos que não podem sorrir
E resignados suicidam
Seus humaníssimos ais!
Pelo mistério subtil,
Imponderável, divino
De um silêncio, de uma flor!
Pela beleza que eu amo
E o meu olhar adivinha,
Por tudo que a vida encerra
E a morte sabe guardar
– Bendito seja o destino
Que Deus tem para nos dar.
(*Canções*, p. 186)

Sim, é um sonhador Antonio Botto. Mas os terríveis embates com o real,
que o ferem fundamente, não o levam a procurar algo fora dele. Os psiquia-
tras distinguem dois tipos de sonhos: "D'un côté, le rêve agressif qui se jette
dans l'action, de l'autre, le rêve boudeur qui s'en détourne"[3] (A. Borel, et G.
Robin "Les rêveurs – considérations sur les mondes imaginaires" in *L'évolution
psychiatrique*, Payot, Paris 1925). Botto cultiva o primeiro tipo. Nada de eva-

3. "De um lado, o sonho agressivo que se lança na ação, do outro, o sonho amuado
que dela se afasta".

TEMPO DE *CLIMA*

sões para Pasárgadas ou "paraísos artificiais". Ninguém poderia chamá-lo esquizofrênico, como Nayrac a Mallarmé (ver Nayrac – *Essai sur la démence paranoïde*). A sua visão interior, ele a projeta no futuro. Basta ler a epígrafe dos poemas de guerra, "Baionetas da morte": "organizem os povos, estabeleçam a concórdia, acabem com a miséria, e veremos, depois, se a vida não é um cântico divino, ao amor, à natureza e a Deus".

Preservou-o da torre de marfim, não só o temperamento apaixonado pronto a vibrar ante as impressões colhidas no exterior, como também o amor ao povo. Sua inspiração tão refinada, tão culta, sabe afeiçoar-se aos metros e sentimentos populares. Em nenhuma outra poesia, nem mesmo na de Verlaine, encontram-se coisas tão bonitas quanto as que ele produziu neste gênero. Rapsodo português, soube descer ao âmago emotivo de seu povo e traduzir-lhe a bondade imensa, a melancolia, o romantismo... Certas produções têm acentuado sabor de fado ("A Julieta do Beco das Cruzes", por exemplo). Noutras, canta-lhe as alegrias, as noites de S. João... De vez em quando uma quadra como esta:

> Afirmam que a vida é breve,
> Engano, – a vida é comprida:
> Cabe nela amor eterno
> E ainda sobeja vida".
> (*Canções,* p. 81)

Grava soberbas águas-fortes de ambientes de tascas enfumaradas e cais noturnos... Por fim o anseio de evasão ligada a essa obsessão marítima, que já foi referida, e que pulsa de modo constante em suas estrofes, fazem dele o mais luso dos poetas.

Talvez os rápidos traços aqui tentados não traduzam a impressão que tive e que queria transmitir – a de uma estonteante riqueza de efeitos e maneiras diferentes assumidas por um mesmo estilo. Embora haja peculiaridades inconfundíveis que lhe caracterizam o tom, Antonio Botto tem peças de inspiração muito diversas. Ora uma série de pequenos poemas, de fino acabamento, contendo uma sugestão inolvidável de beleza e melancolia, ora páginas descritivas de maior vulto, ora doloridas e profundas confissões, de um acento de sinceridade e angústia raras vezes encontrados na literatura universal. Eis porque ele escapa aos rótulos habituais, e não se deixa classificar por algum mineralogista crítico dentro de uma espécie definida. Não devido ao fato de que aqueles que são verdadeiramente grandes transcenderam sempre das formas

O POETA ANTONIO BOTTO

convencionais. Mas, não se coibindo por meio de bizantinismo de escolas, soube constituir, para apoio de sua arte, sólidos fundamentos estéticos.

Obedece à fundamental e única regra de estilo, como assinalei em breves notas sobre Pascal, já publicadas nesta revista – conformar exatamente o verbo à idéia que por meio dele se manifesta. Não se encontra neste homem, que tanto cuidado dispensou à forma, senão rarissimamente, uma produção gratuita, feita "para limpar a palheta", como diriam os pintores, um arrebique decorativo. Pelo contrário, cada palavra corresponde a uma implicação profunda, pois ele pertence realmente ao número dos poetas, os mortais que tem alguma coisa a dizer.

O que é essa coisa? É a história do homem Antonio Botto, em sua integralidade. A epígrafe de Shakespeare tomada para "Cartas que me foram devolvidas": "A história de um homem é sempre admirável", poderia servir para a obra toda. Subscreveria a palavra de Gide: "Il faut représenter"[4]. Mas em Gide existem tentativas de integração das tendências mais diversas, que por vezes se entrechocam, à vida corrente. Daí a famosa inquietação (que hoje nos parece enfadonha e irritante), as justificações racionais, que no *Corydon* são extremamente ridículas, o cultivo de todos os impulsos, culminando na não menos famosa disponibilidade, que nada mais diz aos moços de hoje.

Em Botto não se encontram vestígios desse diabolismo de salão, de burguês que se entrega às delícias de escandalizar o mundo em que vive, apoiado numa sólida fortuna. Trata-se simplesmente de um ser infeliz que, como diria mestre Freud, ficou apegado à infância de modo invencível. Estes desvios da afetividade se nos apresentam de modo muito mais sincero. Aparece com toda a clareza o pavor que as interdições sociais lhe inspiram. É mesmo o sentimento essencial dos poemas em que este tema é abordado. Se tantas vezes proclama em altas vozes os sentimentos condenados, é para exprimir o desafio pueril de quem se sente oprimido por um ambiente esmagador. Provavelmente desde os anos mais tenros, uma pressão brutal da sociedade magoou e feriu esse espírito terno e sensível, comprometendo-lhe para sempre o desenvolvimento normal. Diante de um homem que a sociedade condena, devemos perguntar sempre, como já fazia o velho romântico Víctor Hugo: de quem a culpa, dele ou da sociedade?

Nos últimos versos, aparece bem clara a revolta contra a miséria, a feiura, a tristeza, que são conseqüências da organização atual (a amarga e penetran-

4. "É preciso representar".

TEMPO DE *CLIMA*

te poesia 20 de "Toda a vida" é um exemplo). Revolta que termina em inquieta interrogação, sem proposta ou solução de espécie nenhuma. Mas por isso mesmo colorida de intensa emotividade.

Aliada a esta vibração humana, uma fina percepção estética. Antônio Botto é um dos artistas que fala com maior inteligência da arte. Veja-se este trecho das admiráveis "Cartas que me foram devolvidas" – "Tudo que em nós não chegou a realizar-se tem na poesia a sua mais alta expressão emotiva. Sim, meu amor: os grandes versos são experiências; a poesia não é mais do que a lembrança purificada pela beleza da expressão". (*Canções*, p. 345). Aliás é um conceito que se opõe, em parte, àquele expresso no poema 15 de "Dandismo":

> Sim, tudo se escoa por nós...
> E o resíduo
> Da emoção mais alada,
> Movimento mais subtil,
> É como o sarro
> Que o vinho
> Deixa ao deixar o barril.
> (*Canções*, p.117)

Na realidade não há contradição. Apenas a experiência vital é exaltada acima da experiência poética. O "limo da água que passa", o "sarro deixado no barril", pode vir a ser "lembrança purificada pela beleza de expressão". São visões de dois períodos diferentes da sua existência. Mas em definitivo é a vida que vence sempre. A poesia será sempre o dourado instrumento em que cantará a agonia de sua grande insatisfação.

De tudo quanto ficou estabelecido, depreende-se a situação de Antônio Botto – ele é o continuador de uma altíssima linhagem, a dos poetas videntes. Na literatura inglesa, talvez tenha começado como Shakespeare e John Donne. Continuou em W. Blake, Poe, Coleridge, W. Whitman, T.S. Elliot. Na França, Baudelaire, Lautréamont, os surrealistas. Existirão outros, mas estes bastam para configurar o grupo dos homens que recusam a realidade corrente, e pedem à poesia que lhes abra a visão de novos mundos. Muitos se fascinam nesta contemplação, e ao modo dos esquizofrênicos, constroem o próprio universo particular, em que se encerram, gozando uma triste realidade fictícia. Outros, "provindos da terra, aos quais não coube outra dor senão a da terra", apegam-se à vida concreta, tentando devassar o próprio sentido das coisas, ou vislumbrar, estáticos, os brilhos da Cidade Futura.

O POETA ANTONIO BOTTO

Dentre os poetas atuais que têm esta visão profética, os que mais me impressionaram foram G. Ungaretti, Antonio Botto e Carlos Drummond de Andrade. (A aproximação dos nomes é fortuita, referindo-se apenas à intensidade de uma impressão subjetiva). Destes é Antonio Botto o mais ingênuo, o mais sofrido, o mais espontaneamente sensível, o mais humano. Tem-se abusado tanto deste termo que ele já está se tornando safado. O velho e cacete Paul Bourget teve uma vez uma observação interessante a esse respeito. Cada geração tem substantivos e adjetivos que lhe são próprios, que definem valores seus. Assim, a geração de 1789 tinha como palavras de senha Razão, razoável; a das últimas décadas do séc. XIX, Ciência, científica; a desta desgraçada primeira metade do séc. XX, Vida, humano.

É esta profunda aspiração a uma vida integralmente vivida, onde o homem se realize totalmente, que palpita na obra de Antonio Botto, como na dos outros poetas da nossa época.

Em Ungaretti, é a mais alta expressão, um êxtase calmo, elevado. Em Antonio Botto é um queixume, popular, ingênuo:

Acabar com a pobreza
Dar à vida outra feição
Mais igual, mais repartida
Seria o meu grande sonho.
A minha grande alegria.
(*Canções*, pág. 338)

E mais adiante:

Não ouvir uma criança
Na tristeza de uma queixa
Fazer-nos sentir a morte...
(*Canções*, p. 339)

Esta criança chorando na noite, que se encontra também em Carlos Drummond de Andrade, é o símbolo da comunhão do poeta com a dor que fere o homem moderno. Estes são os acentos que mais impressionam os espíritos jovens, em Antonio Botto, e que o fazem verdadeiramente atual.

Nº 13, agosto de 1944

CINEMA

THE LITTLE FOXES

Gostaria que, quando estivessem escritas estas linhas, *The Little Foxes* fosse também criticado por Paulo Emílio, a exemplo do que foi feito com *Tobacco Road*. Ou que tivesse saído na imprensa a apreciação de Vinicius de Moraes, Plínio Rocha, um desses... Isto não só em benefício dos leitores, que teriam a opinião de um conhecedor, mas em meu próprio. Porque o que tenho a dizer sobre esse filme fica à margem do seu valor propriamente cinematográfico.

Não que o negue. Ao contrário, impressionou-me como obra de arte, das mais bem realizadas. Pude notar a fotografia maravilhosa de Greg Toland. Ao contrário do *Cidadão Kane* em que os segundos planos, mesmo longínquos, têm uma nitidez absoluta, nesta fita Toland usa do *flou* com rara arte. Tal por exemplo o quadro da morte de Horace, ponto culminante da fita. Quando se quebra o frasco do remédio e Regina se nega a buscar outro, para debelar o ataque, e salvar a vida de Horace, ele levanta-se com dificuldade de sua cadeira de rodas. A objetiva passa a focalizar o rosto de Regina. Seus olhos acompanham Horace até que ele saia de seu campo visual. Aí, enquanto em primeiro plano continua o rosto de Regina, ansioso, em expectativa, aparece no fundo da sala o pobre cardíaco, arrastando-se dificultosamente, tentando subir a escada e caindo. Mas estes movimentos nós os vemos esfumados, contornos poucos nítidos, como vistos através de lágrimas disse-me um ami-

TEMPO DE *CLIMA*

go. Do mesmo modo a fuga de Zan e David através da chuva, observados pela janela por Regina. Aliás em todos os momentos da fita os ângulos são magistrais e discretos. Como por exemplo a cena em que Oscar e Leo se barbeiam de costas um para o outro. A câmara só apanha o espelho do pai, mas nele se refletem os rostos do pai e do filho também, em virtude do pequeno espelho deste estar em frente do grande.

Discrição é a grande nota dessa película. Poucas vezes conseguiram efeitos tão grandes em meios tão sóbrios. Isto devido à direção magnífica de William Wyler.

Aqui me sinto embaraçado. Se arrisquei algumas observações, embora elementares, a propósito da fotografia, fi-lo à sombra da reputação consagrada de Greg Toland. Mas quanto a William Wyler, os críticos brasileiros parecem considerá-lo um diretor medíocre. O filme seu que julguei excelente, *Wuthering Heights*, não mereceu admiração de Paulo Emilio.

Mas para mim, que pesquei os pequeninos conhecimentos técnicos que possuo em conversas, *The Littles Foxes* leva a marca de uma direção esplêndida. Dispondo de uma noção imprecisa, talvez mais literária que cinematográfica de ritmo, enxerguei nesta fita um ritmo particular e interessantíssimo. Como nos romances de Dostoievski, as primeiras cenas se arrastam calmas, como um rio que fluísse imperceptivelmente. A situação central é longamente preparada.

Encontram-se as personagens, discutem, definem-se cada vez melhor. Vai se formando sob os nossos olhos o conflito das ambições, dos vários sentimentos. Afinal, depois da grande cena no jardim, em que "Aunt Birdie" revela a tragédia dolorosa de sua vida, acabou-se a apresentação dos tipos. Agora é preciso preparar a cena culminante. A descoberta dos roubos dos títulos, as apreensões dos culpados, tudo se passa com maior rapidez, até Regina voltar a casa e se defrontar com o marido. É o momento supremo da morte de Horace (como o assassinato do velho Karamazoff) que se arrasta com terrível lentidão que lhe empresta grande potencial emotivo. Esta alternativa de tempos vivos e lentos foi para mim a revelação da harmonia no cinema, como o *Cidadão Kane* o foi do contraponto.

Discreto é o desempenho de todos os atores.

Extraordinário está Herbert Marshall, que consegue traçar uma figura trágica fortemente marcante, sem um gesto sequer, sem que sua voz se alteie meio tom, sem abusar da respiração ofegante para sugerir a moléstia do coração. Bette Davies, irreconhecível para quem a viu no exagero de suas

THE LITTLE FOXES

aparições histéricas de desequilibrada glandular, os olhos exoftálmicos, os gritos lancinantes. Assim a "Aunt Birdie", pobre bagaço triturado pelas ambições férreas dos Hubbard. (Cumpre aqui destacar o nome dessa grande atriz que veio dos palcos da Brodway: Patricia Collin). Assim todos, Ben, talvez um pouco em excesso cínico, Oscar, Leo, a preta velha, os criados, o casal amoroso...

Em tudo se nota o mesmo equilíbrio e sobriedade, na fotografia, na direção, no desempenho.

Agora que me desobriguei da incumbência preliminar, embora não tenha apresentado seqüências de imagens criteriosamente anotadas, nem tenha analisado o seu ritmo interior, nem tenha falado a respeito do que de teatro se contém na fita, e qual a parte de *bom cinema, que é sempre silencioso*, com um suspiro de alívio volto-me para um campo em que não me sinto tão pouco à vontade.

The Little Foxes foi-me também interessante pelas idéias que me sugeriu. Este filme é ponto final de um longo processo de tomada de consciência. Começou com *Of Mice and Men*, atingiu o plano social com *The Grapes of Wrath*, revelou-se plenamente em *Citizen Kane* e culmina nessa produção.

Trata-se de alguma coisa já feita em literatura, e que foi a revisão completa dos ideais de vida dos americanos, dos princípios que são o sustentáculo de sua organização social e que regem sua conduta particular. Em *Cidadão Kane* é a grande figura modelo, aquele que venceu na vida, o super-homem cuja potência é medida a dólares, que é retratada. Apresenta-se o vácuo doloroso de uma vida retumbante e espetacular, a ridícula irrelevância de uma vontade de poder cega, sem outra finalidade que a de exercer-se por si e para si mesma.

The Little Foxes ataca a própria teoria, esse nietzscheismo barato, o dinamismo de William James. É a ação rápida e enérgica, a ambição dura, a completa falta de escrúpulos, a *tough mind* do *smart business man*, tão divinizada em milhares de fitas banais que aqui recebe a crítica severa e lúcida.

Querendo se limitar a questão de princípios, localizou-se a ação em 1900. Era a época em que ainda se observava na burguesia americana o culto do dinheiro. Esse culto não se prendia ao gozo que o dinheiro pudesse dar, mas à força mística, ao poder que dele emanava. Eram os últimos traços do puritanismo dos peregrinos do *Mayflower*.

Pouco a pouco foi sucedendo com esse culto o que sucede com todas as religiões – a princípio governam as ações porque seus preceitos parecem de

TEMPO DE *CLIMA*

acordo com a justiça, depois qualquer ação, desde que exercida em seu nome, parece justa. Instala-se sobre a terra o reino de Mamon.

Quebrado o princípio moral que a mantinha, a família passa a ser uma associação de interesses econômicos, pronta a romper-se a qualquer momento. Este ambiente de ódios surdos, fermentando subterraneamente de lutas hipocritamente abafadas de certos romances de Mauriac, como *Le noeud de vipères* ou *Le désert de l'amour*, é fortemente sentido em *The Little Foxes*.

Desde que se tolerou o primeiro compromisso entre a moral e as forças do Dinheiro, as outras concessões são uma questão de tempo. Com a cumplicidade assegurada dos poderes públicos corruptos tudo se fará. O pai juntou os milhares, os filhos juntarão os milhões, os netos os bilhões. E tudo acabará pela construção de imensos palácios, jardins zoológicos, de teatros de ópera, por uma cidade de estátuas compradas e nunca desengradadas. Tudo grandioso, tudo sonoro, tudo absolutamente estéril.

Porque essa enorme acumulação de poder econômico não obedece a objetivo nenhum. É simplesmente o gozo do mando que se procura patentear exteriormente por meio de um luxo desmedido de embasbacar o burguês. Regina diz constantemente que quer o mundo. Mas o que ela fará deste mundo? Depois de ter ostentado toda a imensa e insolente riqueza, que lhe restará? Morrer no isolamento e miséria morais as mais terríveis como Charles Foster Kane.

Mas isto não teria grande importância em si, se não fossem as conseqüências que arrasta. É que a aquisição deste imenso capital não se faz sem o esmagamento das pequeninas aspirações que lhe estão à volta. Agora compreendemos a citação de Horace, e as pequenas raposas que destroem as vinhas em flor. Quando os Hubbard tiverem esgotado o solo, e quando este estiver transformado em poeira fina, aí então surgirão os amargos vindimadores das vinhas da ira. Depois virá um Charles Foster Kane, que lhes quererá conceder uma situação melhor, mas como um dom real de suas mãos. E fracassará. E ouvirá de um Leland que lhe esteja ao lado que um dia estes pobres desprivilegiados se unirão, cônscios de sua força, e reclamarão o que lhes cabe por direito e não como dádiva generosa.

O importante nesta fita são as reações dos jovens. Não uma atitude à Leland, de protesto verbal. Mas uma reação viva, operante. Nem a atitude de Horace que vê tudo com lucidez, mas limita sua honestidade à não participação, cruzando os braços e vendo os rapazes enriquecer. A visão clara de David não o leva à passividade, mas a agir. E a compreensão de Zan, que até

114

THE LITTLE FOXES

então fora tão jovem, tão infantil, tão alheia a tudo, e que a leva a fugir da casa onde jaz o pai morto e a mãe que se prepara para a conquista do mundo, tem o valor de um símbolo. É a jovem América consciente de seus erros, da traição da geração dos mais velhos e que se norteia para seu verdadeiro caminho.

Oxalá que neste momento difícil que atravessa domine na jovem nação irmã o espírito de luta e sacrifício dos moços e não o egoísmo estéril e monstruoso dos velhos exploradores!

E eis ao que conduz abandonar-se uma pessoa ao curso de suas idéias. Parte-se de simples filme e chega-se aos problemas mais morais...

Vinicius de Morais, chamou-me certa vez de malabarista acrobata, capaz de escrever sobre qualquer assunto. Enganava-se . Nesta revista desempenho o papel do casaca-de-ferro. Quando falha algum artista de mais nomeada, faço algumas pelotiquices para distrair o público. Perdoe-me Vinicius se invadi mais uma vez seus bem alinhados canteiros, pisando flores e deixando cair bolas coloridas pelas aléias.

Nº 8, Janeiro de 1942

CRÍTICAS

Chamando a Morte – Atores sem cartaz. Primeira exibição no Pedro II. Diretor de nome desconhecido. Entretanto, um excelente filme. Reginald Leborg, o diretor, conseguiu imprimir à película um ritmo de crescendo, provocador de verdadeiros momentos de emoção. O cenarista[1], também muito bom, trabalhando em estreita cooperação com o diretor, completa a unidade da fita. A ação progride de um modo linear para o desenlace. E este acontece de maneira original, como aliás quase tudo no filme. A enfermeira autora dos crimes, mergulhada em sono hipnótico, revê os fatos anteriores, nada deixando sem explicação. Um meio rápido e condensado de concluir. E artístico também. As vozes de sonho que se ouvem, as casas que ruem sobre a cabeça da protagonista, tudo contribui para criar com grande força o ambiente de alucinação.

Há outro ponto em que a maestria de Reginald Leborg se revela: é na ligação das seqüências. Emprega os processos conhecidos – fusão, *fade-out* etc. Mas empresta-lhes um novo significado e vigor. Por exemplo, a visita do médico ao amante de sua mulher, condenado à morte, sob acusação de tê-la assassinado. A entrevista se dá numa cela próxima à cadeira elétrica. Inicia-se

---

1. Segundo o costume da época, "cenarista" designa o roteirista assim como "cenário" designa o roteiro.

TEMPO DE *CLIMA*

a seqüência com a câmara apanhando um condenado passando da esquerda para a direita entre dois guardas, e um padre acompanha, murmurando orações. Segue-se a cena entre os dois. De repente, as luzes apagam-se uma e duas vezes, e se extinguem lentamente. Teoricamente, é um simples *fadeout*, perfeitamente comum. Mas que sentido sinistro tem! É a corrente elétrica que passou através do corpo de um pobre homem.

A atmosfera de crime, delírio e morte, e os meios cinematográficos que a materializam, filiam este filme a uma tendência que está renascendo nos Estados Unidos, após ter produzido grandes filmes na Europa: o Expressionismo.

A DAMA FANTASMA – Mencionamos o Expressionismo a propósito de *Chamando a Morte*. Robert Siodmack, o diretor de *A Dama Fantasma*, veio da Alemanha, onde dirigiu, entre outras, *Tempestade de Paixões*, um filme altamente considerado pela crítica. É a primeira vez que vejo o seu nome à frente de uma fita americana.

Pela beleza plástica das imagens, pela força expressiva de algumas seqüências, pelo equilíbrio de direção, este filme é um dos melhores apresentados em São Paulo nestes últimos tempos. Quanto ao ritmo interior de cada imagem e harmonia de seqüências, só se pode elogiar Siodmack. Ajudado por um fotógrafo magnífico, ele criou momentos de grande beleza. Saliento o episódio "Mac", com as longas perspectivas dos balcões (lembrando o Fritz Lang de *Os Carrascos Também Morrem*), a perseguição pelos asfaltos molhados da cidade monstruosa, o jogo de sombra e luz na estação do *subway*. A sessão privada de *jazz* constitue uma suíte de imagens verdadeiramente grandiosa. O próprio espírito do *jazz* foi transportado para a tela.

Já o cenarista, neste filme, não apresenta um trabalho de primeiro plano. Os diferentes episódios estão meio descosidos. A unidade é preservada graças à direção. Siodmack tratou cada episódio segundo um andamento particular. (Tomando-se o termo andamento no sentido musical da palavra). Alternando um movimento rápido com um lento, como os sinfonistas clássicos, conseguiu uma variedade produtora de impressão total una.

O que se poderia reprovar a Robert Siodmack é ter descurado um pouco da direção dos atores, para concentrar-se mais no aspecto plástico do filme. Não chegarei ao extremo de um amigo, que me disse que ele abandona os atores a si mesmos. Isto não é exato em relação a Ella Raines, que está sempre sob o seu controle. A atuação de Franchot Tone se ressente, em

CRÍTICAS

maior parte, de falta de indicações. O que não a impede de ser muito boa. Mas tem demasiado relevo, e não sintoniza muito com o todo da fita. Mas estas não são grandes falhas que comprometam o filme, cuja situação entre as últimas produções americanas é excepcional.

Os Mistérios da Vida – Em primeiro lugar, há que assinalar um fato muito importante ligado a este filme: os seus produtores são Julien Duvivier e Charles Boyer. O que quer dizer que um diretor e um ator se associaram para financiar uma fita, e doravante é provável que outros também o façam. Desse modo os bons e verdadeiros artistas de Hollywood poderão se libertar da tirania econômica que os escraviza ao que se supõe que seja o gosto do público.

Isso não quer dizer que *Os Mistérios da Vida* seja uma completa maravilha. A película é formada de três partes, com argumentos diversos, e sem qualquer ligação orgânica. A primeira pode ser considerada como uma das obras clássicas menores do cinema sonoro. Existe um equilíbrio perfeito entre a direção, o cenário[2], o desempenho dos atores e a música. Duvivier produz excelente trabalho, apoiado eficazmente pela esplêndida atriz que é Betty Field, acompanhado pela partitura sugestiva e perfeitamente de acordo com o espírito da fita, da autoria de Henry Tansman. O resultado é um conto de grande poesia, despertando ressonâncias fundas na nossa emotividade, e uma bela obra de cinema.

A segunda e terceira partes não se conseguem manter no nível da primeira. O conto famoso de Oscar Wilde *O Crime de Lord Arthur Saville*, ao ser transportado para a tela, sofreu muito com as intempéries do Hays Office[3]. O espírito da história, o "humor" algo cínico que a anima, evolaram-se quase que completamente. O ponto central, que é o assassinato convertido em obrigação moral, foi disfarçado e adulterado. Transformou-se no gráfico de uma obsessão. A direção mantém-se boa, mas já o cenário não tem a mesma excelência do primeiro. A insistência na representação do diálogo interior por meio do desdobramento da imagem verdadeira e da imagem refletida denota falta de imaginação, e cansa pela monotonia.

A última é, sem dúvida, a mais fraca. Não chego a considerá-la péssima, como um amigo a julgou. Existe sempre a direção de Duvivier, e suas belas tomadas, que se destacam principalmente nas cenas de circo. A história é

2. Ver nota 1.
3. Associação de auto-regulamentação sob o comando de Will H. Hays, que promoveu a censura no cinema americano entre 1934 e 1967.

TEMPO DE *CLIMA*

muito inconsistente. A continuidade de interesse se baseia na expectativa de realização ou não realização do sonho, o que nada tem de cinematográfico. Mas apesar disso, não chega a comprometer o conjunto, que é uma sólida obra de arte, embora Duvivier nela não tenha atingido o nível de *Pépé le Moko*, *La belle équipe*, ou *Un carnet de bal.*

Por Quem os Sinos Dobram – Dobram pelo sr. Sam Wood. Não creio na morte permanente do diretor que nos deu filmes como *Nossa Cidade*. Sua fé-de-ofício é boa. Tenho vivas ainda na memória cenas de *Honrarás tua mãe*. Se não gostei de *Ídolo, amante e herói*, e não soltei urros de admiração frente a *Em cada coração, um pecado*, nunca deixei de fazer ressalvas quanto ao trabalho do diretor, sempre considerado por mim de alto nível. Mas esta fita é misérrima. Não tem nada, nada mesmo. Não pode ser considerada boa nem pelo critério mais indulgente. Nem sequer chega a ser um bom divertimento, como diz o respeitável burguês.

Bem sei que houve na elaboração da fita nada menos do que quatro intervenções de grupos de pessoas totalmente estranhas ao serviço: o Hays'Office, a Legion of Decency, o Departamento de Trabalho, e a Embaixada Espanhola. O que restou afinal? Uma história de amor e morte, cheia de lances emocionantes. Isso serviria de *slogan* para qualquer fita de *West*, e faria muito mais justiça ao seu conteúdo.

As intervenções não justificam totalmente tamanho fracasso. Apesar de emasculado, o argumento poderia ainda dar um excelente cenário. Mas o cenarista não soube aproveitá-lo de forma alguma. A ação é lentíssima, monótona. Não existe um recurso de bom cinema utilizado. Quis-se conservar fidelidade ao livro. O que se conseguiu foi, apenas, fazer o filme mais literário e teatral que me foi dado ver ultimamente. (Literário e teatral querem dizer aí aliteratado e teatralizado).

E o sr. Sam Wood, o diretor mais importante do cinema norte-americano, segundo artigo de Plínio Sussekind Rocha? Onde meteu a sua habilidade de tomadas? Onde sua beleza de imagens? Onde sua arte em ligar seqüências? E os tipos? Hemingway desenhou uma galeria soberba, apta a inspirar um cineasta dos mais bisonhos. E o que fez Sam Wood com eles? Meros bonecos, sem características vitais, sem força de expressão, que falam até perder o fôlego as linhas longas e sem sabor do *script*. A não ser Gary Cooper que já nos habituamos a identificar com as virtudes características de um tipo de *sir* Galahad ianque, sóbrio, cavalheiresco, arrojado, eficiente, taciturno, cheio de um encanto *gauche*... e a grandíssima Ingrid Bergmann, os outros desaparecem do

120

CRÍTICAS

nosso espírito assim que deixamos o cinema. Não saberia o que dizer acerca de Ingrid Bergmann para expressar o entusiasmo que sinto por ela.

Mas isso nada tem a ver com o malfadado diretor desta película. O papel de cada woodólatra consciente e sério, depois de ter visto este filme, é a desconversa. Meus amigos, falemos de *Nossa Cidade*. Falemos de *Adeus Mr. Chips!*. Falemos de *Kitty Foyle*, pela qual não morro de amores. Falemos de *Em Cada Coração um Pecado*. Mas ignoremos, até que Sam Wood ressurja, *Por Quem os Sinos Dobram*, como Sem e Jafé lançaram um manto sobre a nudez senil de Noé borracho.

Nº 13, agosto de 1944

CRÔNICAS[1]

Papai por Acaso (The Miracle of Morgan's Crek) – Filme da Paramount; direção: Preston Sturges; cenário: Preston Sturges; principais atores: Betty Hutton, Diana Lynn, Eddie Bracken, William Demarest.

Não posso esconder que esta fita, tão esperada e tão comentada previamente com amigos e colegas, causou-me decepção. Aguardava algo de grandioso no gênero do riso homérico, da grande loucura cômica projetada na tela. Ora, não foi isso que vi, positivamente. Reconheço e aprecio as qualidades de Preston Sturges. Ele é o representante, hoje em dia, do talento humorístico mais essencialmente americano no cinema. Refiro-me à veia cômica de um Mark Twain, por exemplo. Ou de qualquer outro que consiga manter-se numa atmosfera de agitação, de acontecimentos inverossímeis, mas ligados maliciosamente à vida quotidiana. Para isso são necessários, não só talento criador de um tipo especial mas força de imaginação e inteligência das situações, para manter a obra num ritmo endiabrado, que é indispensável.

Preston Sturges nunca conseguiu atingir o nível prodigioso do seu amigo e mestre René Clair. Basta *Le million*, de que me lembro melhor, para estabe-

---

1. A partir do nº 14 de *Clima*, Ruy Coelho substituiu Paulo Emílio Salles Gomes como crítico de cinema, escrevendo notas que são reproduzidas aqui com esta designação geral.

lecer a reputação de um diretor cinematográfico. A comparação não pode ser tomada de um ponto de vista restrito, pois vai um mundo de diferenças entre o cineasta francês, herdeiro das tradições do *vaudeville*, e o americano, que antes de se meter no cinema escreveu comédias no gênero de *Strictly Dishonorable*. Mas, apesar disso, pode-se estabelecer uma diferença de valores, com desvantagem para o ianque. Suas contribuições são todavia alguma coisa de diferente, que constituem notas originais no mundo do cômico.

Mas são essas qualidades mesmas que não admitem o fracasso. É preciso um controle extremamente seguro para não ser sobrepujado pela própria criação. Dizia Santo Antero ao deslumbrado calouro Eça de Queiroz: "É necessária a ordem mesmo no delírio". Há momentos em que a fita toma o freio nos dentes, e rola para fora da estrada. Deste modo rompe o efeito total. A culpa é toda de Preston Sturges, que acumula coisas demais, sem preocupações com a harmonia do conjunto. Sente-se que para ele o que é importante é o sucesso, são as tempestades ininterruptas de gargalhadas. Mas aqui poderemos citar a conhecidíssima frase do Evangelho, de tão larga aplicação: "Aquele que deseja salvar a sua alma, perde-la-á". O emprego em excesso de qualquer efeito, fino ou grosseiro, acaba por ultrapassar a possibilidade de riso do público.

Do ponto de vista rigorosamente cinematográfico, não há grande coisa a observar. Preston Sturges, que conhece muito bem cinema, como certos momentos de suas películas demonstram, também não liga muito para a pureza da arte. O que se pode notar de interessante em *The Miracle of Morgan's Creek* são as cenas do início, as seqüências do baile, e o final, com o nascimento progressivo de seis crianças, que atinge a "vis cômica"que seria desejável para o filme inteiro. Cumpre destacar também a maneira pela qual Preston Sturges dirige os atores. Sua ação neste particular só é digna de elogios. Barbara Hutton e William Demarest, em particular, marcam figuras cômicas de primeiro plano.

Do aspecto patético, que também existe no filme, nada direi. É a única coisa sóbria e harmoniosa. Exatamente o suficiente para dar ao humorismo de Preston Sturges o ingrediente peculiar que o salva da palhaçada pura e simples, dando-lhe sabor próprio e original. Talvez nele residam grandes filmes futuros, se abandonar a preocupação tão grande em atingir o público em cheio, e conseguir o equilíbrio cuja falta tanto se faz sentir.

O Impostor (The Impostor) – Filme da Universal; direção: Julien Duvivier; cenário: Julien Duvivier (diálogos adicionais por Mark Connelly e outros);

CRÔNICAS

principais atores: Jean Gabin, John Qualen, Richard Whorf, Ellen Drew, Allyn Joslyn e outros.

Para esta fita, não há desculpas. Julien Duvivier, o grande criador de *Pépé le Moko, Un carnet de bal, La belle équipe*, tendo à sua disposição a confiança e o dinheiro dos diretores da Universal, em lugar de nos dar um novo *Mistérios da Vida* preferiu as vantagens mais vitaminosas do êxito de bilheteria. Não deixa de produzir certa indignação em quem sente amizade pela França o aproveitamento da propaganda em favor dos heróicos soldados de De Gaulle para agradar ao público ianque. Mesmo assim, não se explica um fracasso artístico tão total. Restam do naufrágio apenas alguns destroços, que são as raras tomadas em que reponta o talento de Duvivier. Por exemplo, a guilhotina negra perfilando-se contra o céu sinistramente iluminado, de onde chovem as bombas dos aviões. E mais um ou outro *shot* nas cenas do deserto.

O que se guarda da fita é a figura impressionante de Jean Gabin numa interpretação semelhante às dos seus maiores filmes. Como Gary Cooper, John Gilbert, Greta Garbo, ele conseguiu criar um tipo, uma dessas sombras do celulóide, que têm mais vitalidade do que qualquer pessoa de carne e osso. Gabin é o homem do povo francês: inteligente, lúcido, irônico, amargo, ocultando uma sensibilidade rica e profunda sob a aparência da grosseria, enobrecido e dignificado pelo sofrimento. Seu prestígio já participa da lenda e do símbolo. Está além do poder de qualquer diretor comprometê-lo ou abalá-lo.

O Solar das Almas Perdidas (The Uninvited) – Filme da Paramount; direção: Lewis Allen; cenário: Dodie Smith e Frank Partos; principais atores: Gail Russell, Ray Milland, Ruth Russey, Donald Crisp, Cornelia Otis Skinner.

The Uninvited não é um grande filme sob aspecto nenhum. Entretanto, é extraordinariamente bem feito, e coloca vários problemas, um dos quais é exatamente o dos limites existentes entre a arte no sentido de artesanato, de habilidade no domínio dos meios de expressão, e a verdadeira arte. Não se trata propriamente do velho debate de fundo e forma. No cinema, como em outras artes que participam em maior ou menor grau da natureza das artes plásticas, a forma está indissoluvelmente ligada ao fundo, só podendo ser separados mediante abstração mental. No caso presente a indagação que se impõe é a seguinte: um truque, um efeito, somado a outros igualmente hábeis, será suficiente para criar arte?

TEMPO DE *CLIMA*

Essa pergunta não deve tanto ser formulada em relação à direção de Lewis Allen, cujas qualidades preponderantes são a limpidez, a firmeza, não se destacando qualquer traço revelador de um lampejo de talento superior. Surgiu-me a propósito do admirável *screen-play* de Dodie Smith e Frank Partos. Já conhecia este último através de uma película exibida, se não me engano, em 1941, *O Homem de Olhos Esbugalhados (Stranger on Third Floor)*, sob a interessante direção de Boris Ingster. Trata-se de um especialista do fantástico. É preciso dizer que o argumento da fita presente transcende de muito o fantástico de qualquer outra que tenha tido para criticar antes.

E como é estupendo esse tratamento! As rosas que murcham no estúdio, lugar de especial predileção dos espíritos, como se as tocasse um hálito gelado de além-túmulo, criam tal momento de poesia fantástica, que hesito em considerar essa seqüência como mera *réussite* de cenarista experiente. A mesma dúvida me assaltou frente a outros momentos da fita.

Uma consideração fria, à distância de alguns dias, nos revela a pobreza do argumento. O ridículo de Ray Milland espantando fantasmas a golpes de castiçal, como se enxotasse um bicho daninho, e conseguindo de fato atemorizar a alma penada, volta à memória, amplificado. Inúmeros defeitos que passaram despercebidos à primeira vista, agora se revelam.

Seja ou não artística, é inegável que se trata de uma história muito bem contada. E ainda nos revelou a personalidade encantadora de Gail Russell, cuja presença se impõe com grande força, e cuja sensibilidade a distingue para uma bela carreira (naturalmente, se encontrar diretores capazes de compreendê-la).

N° 14, setembro de 1944

* * *

O Fantasma dos Mares (The Ghost Ship) – Produção: RKO Rádio Pictures; Direção: Mark Robson; principais atores: Richard Dix, Russel Wade.

Esta revista, na seção de cinema, cometeu uma injustiça em relação a Mark Robson, no último número, deixando de incluir uma apreciação a respeito da sua fita *A Sétima Vítima*. A culpa foi exclusivamente minha, que me atrasei, por desleixo. Em todo caso, procurarei sanar hoje essa falha, ocupando-me de *O Fantasma dos Mares*, como a película merece ser tratada.

Em minha crítica diária já tinha dito que Mark Robson é um grande técnico de cinema, mas que *A Sétima Vítima* não tinha conteúdo. Agora, nesse

CRÔNICAS

filme, ele prova o que pode fazer quando o cenarista lhe prepara um roteiro à sua altura. *O Fantasma dos Mares* transcorre no ambiente opressivo, de mistério e tragédia próxima ou iminente, tão ao agrado dos diretores atuais de Hollywood. Mas é mais do que uma história policial ou de aventuras. A tragédia tem outra amplitude. Essa não é dada somente pelo caso psicológico de uma demência. É a presença do mar que comunica à fita a intensidade do seu significado dramático e poético.

É curioso notar que o mar raramente aparece, e assim mesmo, nunca focalizado diretamente, ou em momentos culminantes da ação. Mas a sua influência avassaladora se impõe de princípio a fim. O filme é o drama da solidão marítima, do homem suspenso entre dois infinitos, a sós consigo próprio. A rigor, trata-se de um monodrama. Os marinheiros são figuras definidas em três traços, que, na sua inconsciência e na sua maior ou menor infantilidade, não chegam a impressionar o espectador mais do que como a massa sobre a qual se exerce a ação do capitão Stone. E, também, o terceiro oficial recém-formado se avolumando e ganhando corpo, nas horas longas de meditação à vista do infinito agitado e movediço.

A fita, obedecendo a uma regra da tragédia clássica, toma a ação num momento de crise. Desde o início, vemos algo de sinistro que se prepara. O cego já pronuncia um vaticínio vago; mas que contém mais premonições. Depois aparece o mudo, com sua faca, que projeta uma sombra desmesurada sobre a parede. Faço notar a importância especial que Robson dá às sombras, como elemento simbólico. Já em *A Sétima Vítima* salientara o trecho em que a dona da casa de beleza interpela a irmã desaparecida, que está tomando banho. Vê-se na cortina de borracha uma silhueta de chifres e aspecto demoníaco, a dar um pressentimento do culto diabólico, que é o ponto central do filme. Outros traços que revelam ainda a escola de Mark Robson são os observáveis na seqüência em que o rapaz está sozinho, na cabine, à espera do ataque do capitão. Os efeitos sonoros têm aí o fim de criar surpresas que mantenham a tensão emotiva, como anteriormente.

O Fantasma dos Mares acusa indubitavelmente maior amadurecimento artístico do diretor. A fita tem muito mais unidade, e isso não se deve só ao cenário, que é muito melhor. Sente-se, através da composição plástica das seqüências, uma concepção mais orgânica, em que a visão do conjunto dava a cada parte o lugar devido. A figura do capitão, que é o núcleo do drama, se nos vai desvendando num ritmo progressivo, culminando na bela cena de Richard Dix frente ao espelho, e na da luta a faca. Poder-se-ia reprochar a essa última

TEMPO DE *CLIMA*

certo caráter de filme de *cow-boy* dos velhos tempos. Mas confesso que, quando é bem realizado, como no caso, não me desagrada. Afinal de contas o truque do *last minute rescue* foi inventado por Griffith, e isso já é um título. Outro ponto em que se poderá verificar o desenvolvimento de Mark Robson é no que diz respeito à utilização do som. O ruído das correntes da âncora que se abatem sobre o marinheiro na estreita cabine, cuja porta foi fechada pelo capitão, e que abafa os gritos da agonia é um soberbo achado, e inteiramente original.

Vejamos agora os defeitos. A figura do mudo, que da primeira vez que vi me pareceu admirável, já não me agradou tanto à luz da análise. É uma excelente idéia ter feito da personagem lúcida da trama, a que compreende, a que se prepara, e pode intervir no momento oportuno, um mudo. Imagina-se facilmente a intensidade dramática dos atos de um indivíduo que tem muito para dizer e não pode fazê-lo. Mas o mal, no caso, foi existir o cinema sonoro. Uma voz se encarrega de nos revelar o seu monólogo interior. Desse modo ficam prejudicadas as imagens em que aparece a personagem, pois a danada da voz fala muito e explica demais. Em determinado momento, aparece somente a sua imagem na tela, num ângulo curioso, e sem qualquer comentário sonoro. Para mostrar que o espectador, menos sensível como deve ser o tal engraçadinho, ficava, sem o saber, predisposto para a tragédia que se ia desenrolar. Evidentemente, o padrão que devia ser seguido na composição da personagem é o que é dado por esta tomada.

Insuportáveis por mais motivos ainda são as reflexões finais do mudo. Falseando o sentido da película, introduz-se a martelo uma moralidade, que serve a fins de propaganda política. Pessoalmente, estou de inteiro acordo com as nobres concepções democráticas defendidas nessa passagem. Mas sua conexão com o restante do filme me parece bastante forçada. E eu me pergunto se não pode existir uma fita sem tal espécie de propaganda. Mas a culpa disso não cabe ao pobre Mark Robson, que estava obedecendo apenas a uma palavra de ordem.

Uma Voz na Tormenta – Produção: Rudolf Monter e Arthur Ripley; direção: Arthur Ripley; cenário: Federick Torberg (segundo uma idéia original de Arthur Ripley); principais atores: Francis Lederer, Sigrid Gurie, J. Edward Bromberg, J. Carrol Naish, Alexander Granach.

Sei que neste momento a discussão em torno do filme vai acesa. Os cineastas puros e mesmo alguns impuros devem estar soltando o grito de

CRÔNICAS

obra-prima. E uma parcela do público tentou depredar o cinema, como manifestação de desagrado. Coloco-me na serena e cômoda posição da análise desapaixonada, e acho que nem uns nem outros têm razão. A atitude do público dispensa comentários. O leitor que a julgue por si próprio, de conformidade com o seu senso de decoro e comportamento social.

Uma Voz na Tormenta é inegavelmente um bom filme. Arthur Ripley tomou parte na produção, na elaboração do cenário, e dirigiu-o. Coloca-se assim ao lado de Charlie Chaplin, de Orson Welles, de Preston Sturges. Sem incorrer no sacrilégio de querer nivelá-lo a essa mistura de papa e Messias do cinema que é Carlito (o que poderia motivar a minha excomunhão maior) direi que Ripley está no mesmo plano dos grandes diretores citados. Conhece muito bem o ofício e faz cinema sonoro. Como todos os que se rebelaram contra a divisão de tarefas do sistema Ford, cuja aplicação, em Hollywood, por pouco não transformou uma arte promissora e cheia de seiva em uma indústria entregue a técnicos que, com frieza e sem amor, enchiam o mercado de subprodutos feitos em série, Arthur Ripley é um homem de personalidade forte, e que a imprime à obra. Por conseguinte, a fita é um todo orgânico, em que a montagem é, arquiteturalmente, perfeita.

Com que originalidade e força o diretor se utiliza do sovado processo do *flash back*! Em *Uma Voz na Tormenta*, o *flash back* não é um truque arbitrário decorrente das necessidades do argumento. As diferentes partes se unem de maneira harmoniosa e as transições entre as seqüências são, talvez, do ponto de vista técnico, o que mais se deva louvar no filme. Nunca compreendi tão bem a conhecida imagem que compara o papel do som, no final das seqüências, ao do pedal do piano. Sua função é prolongar as ressonâncias, deixá-las soltas, vibrantes no ar, para que se fundam com a frase musical ou cinematográfica subsequente. De modo que, nessa película, as diferentes seqüências não estão ligadas simplesmente pelas afinidades de imagens, mas a atmosfera afetiva que as circunda passa de uma para a outra, mercê da hábil utilização do som.

Outro ponto a ser elogiado quase sem restrições é a fotografia, e de um modo geral, toda a parte plástica do filme. Há imagens de grande beleza, em que se conseguiu um equilíbrio dos elementos componentes. E tudo obtido com muito pouco: uma lanterna no alto do canto esquerdo da tela, três pontos luminosos simétricos...Sobriedade e beleza.

No entanto, a fita, em seu conjunto, se ressente de certa lentidão, de certa monotonia. Por vezes a sobriedade desce ao nível da pobreza. Não se trata de

TEMPO DE *CLIMA*

uma questão de ritmo. O andamento pode ser lento, e no entanto os temas apresentados terem variações que mantenham vivo o interesse. Gostaria que a câmara focalizasse um número mais amplo de objetos, ou que os apanhasse em ângulos diversos. Isso quanto à parte cinematográfica do cenário. Agora, quanto à idéia do argumento, parece-me um pouco fraca. Falta densidade à paixão romântica que nos é mostrada. Não sentimos com a intensidade desejada as implicações espirituais, que devem existir atrás das circunstâncias trágicas da história. Por vezes, há excesso de patético, que não tendo apoio poético, chega a lembrar o rádio-teatro. Talvez seja demasiada maldade para com o pobre Ripley, mas digam-me, com que outra coisa se parece a cena em que a heroína é transportada para fora da casa do amado, aos berros, enquanto à porta ouve-se o bater sinistro dos punhos da Gestapo?

Um *slogan* dos jornais dizia, mais ou menos: "A mesma atmosfera de *O Morro dos Ventos Uivantes*". De fato, os mesmos temas da predestinação de duas criaturas e da sua separação pelas circunstâncias adversas são tratados e no mesmo espírito. Mas a vibração espiritual do romantismo das irmãs Brontë não é encontrada aqui. Não creio que seja devido a um maior talento em William Wyler. Talvez os mitos românticos estejam demasiado envelhecidos e a nossa época não mais os possa sentir com idêntica intensidade.

Nº 15, outubro de 1944

* * *

MAIS FORTE QUE A VIDA – Filme da 20th Century-Fox; direção: Lewis Milestone; cenário: Jerome Cady; principais atores: Dana Andrews, Peter Conte, Kevin O'Shea, Farley Gargan, Trudy Marshall, Sam Levene.

Conheci Lewis Milestone através de uma das produções mais vibrantemente emotivas que já surgiu no cinema ianque, *Nada de Novo na Frente Ocidental*, em 1930. Tivemos que esperar mais de dez anos para que esse excelente diretor nos desse outra produção digna do seu talento. *Carícia Fatal*, que vimos mais recentemente, foi também uma película magnífica, mas de outro gênero. Agora, em *Mais Forte que a Vida*, ele cria uma fita tão intensa e forte quanto *Nada de Novo na Frente Ocidental*.

As principais qualidades do filme são a dignidade e a sobriedade. Pode-se objetar contra o desenvolvimento do caráter do povo japonês, que é candidamente confessado pelo próprio capitão Ross. A culpa talvez não caiba só

CRÔNICAS

ao sr. Otto Tolischus, conselheiro técnico para coisas do Japão. É da mentalidade mesma do americano a impossibilidade de compreensão de outros povos. Pelo menos, tem demonstrado isso no cinema. Passo por alto também as alusões à Argentina, que a um sul americano parecem infelizes. Esses senões não conseguem porém comprometer a impressão geral causada pela fita, que é grandiosa.

Assisti quatro vezes a *Mais Forte que a Vida*. Pois bem, mesmo na quarta, quando já tinha desaparecido toda a influência da surpresa, ainda sentia emoções fortíssimas. Porque a fita é construída como o *Bolero*, de Ravel, se me permitirem mais uma vez uma imagem musical. É o poema épico da resistência de um punhado de homens contra a pressão de toda uma nação. Desde a primeira tomada, da sala do tribunal às escuras, com seu grande sol vermelho no fundo, somos arrastados progressivamente para o núcleo do drama. É admirável como o tema se realiza de um modo perfeitamente cinematográfico. Embora a dialogação tenha importância, e haja dois discursos destinados a levantar os entusiasmos do público, é sempre a imagem, apoiada pelo som, que se encarrega de criar o ambiente, e fazer progredir a ação.

Numa fita assim tão una, a qualidade do cinema se mantém boa quase que por todo o tempo. Há, no entanto, momentos em que atinge um nível ainda mais alto, e que cumpre destacar. Refiro-me especialmente à seqüência em que o general Mitsubi desce as escadas, sendo cada passo seu acompanhado de uma badalada do relógio (aliás, os passos na escada e as tomadas dessa mesma escada pela câmara têm grande importância na fita). Em seguida, dá uma volta em torno da cela circular onde estão presos os aviadores americanos, projetando-se a sua sombra sobre cada um dos vultos que dorme agitadamente. Para em frente do capitão Ross, e penetramos no interior das angustiantes preocupações que lhe vão na mente por meio exclusivo do cinema sonoro, numa belíssima utilização de suas possibilidades. Quando soam as próprias palavras do general, no diálogo interior do homem adormecido, ele acorda, como o Adão de Keats, para verificar que o seu sonho é realidade. Uma seqüência perfeita, em si própria considerada, e que se entrosa admiravelmente no conjunto do filme.

Outras passagens magníficas são aquelas em que o sonho e a poesia florescem estranhamente no espírito dos pobres prisioneiros torturados. Principalmente a recitação do soneto de Elisbeth Barret Browning, pelo tenente Stoner, em que a câmara sobe para o céu, onde perpassam nuvens tranqüilas e bucólicas. Como na que comentamos anteriormente, nessa seqüência

TEMPO DE *CLIMA*

Milestone tem consciência de que o cinema sonoro só pode realizar-se pela dissociação dos laços lógicos que prendem a imagem ao som, e sua reunião com fins artísticos.

Quanto ao fundo, devemos notar como esta película difere de outras do mesmo gênero. Dir-se-ia que, por se tratar de fatos reais, em que a fantasia só imaginou as circunstâncias, a propaganda se sublima, e perde o seu antipático aspecto de reclame comercial. Cada indivíduo que vemos na tela, embora tenha seus momentos de fraqueza, cumpre o seu dever. E o modo simples e anti-retórico (apesar dos dois discursos...) por que o fazem nos conquista. É a concepção anglo-saxã do herói, oposta à do romantismo alemão. O herói é um homem muito obscuro e muito simples, de aspirações modestas, e ambição de uma vida sem grande brilho. Mas quando chega a hora, simples e obscuramente realiza aquilo que se espera dele.

FRANÇA ETERNA – Filme de produção francesa; direção: Julien Duvivier; cenário: Marcel Achard, Charles Spaak e Julien Duvivier; principais atores: Raimu, Françoise Rosay, Michelle Morgan, Robert Le Vigan, Louis Jouvet, Suzy Prim.

Não me foi possível julgar *França Eterna* com critério objetivo. Depois de ter dado minha opinião pela imprensa, tive o prazer de vê-la confirmada por Plínio Sussekind Rocha, nas páginas da *Revista do O Jornal.* Só aqueles que amam a França, que têm plena consciência do que ela representa para a civilização mundial, poderão sentir plenamente o valor desta fita. Ela não possui a arte cinematográfica requintada a que Duvivier nos acostumou em outros filmes seus. Mas isso não importa. O que quis foi nos dar uma crônica de fatos vividos, da vida de uma família perfeitamente simples e burguesa, nessa época, uma das mais terríveis para a vida nacional francesa.

Assim sendo, consciente e voluntariamente, Julien Duvivier abandonou os recursos de técnica em que é mestre, e construiu uma história limpidamente contada, como convém a uma narrativa comovida de fatos que tanto dizem à alma francesa. Existe apenas um movimento sábio de câmara, e este mesmo foi censurado por Plínio Sussekind Rocha. O mais das cenas se desenrola do modo mais simples e pobre de técnica, se o quiserem.

Do meu ponto de vista pessoal está certo. Cinema é arte e linguagem. Pode ser que algo que se tenha para narrar o seja feito de maneira artística. Mas isso não é essencial, e muitas vezes prejudica a força do que se tem a dizer. *França Eterna* desejou apenas contar uma história, cujas se-

CRÔNICAS

qüências imaginadas se vinculam à vida real de uma nação em setenta anos de sua existência. Nesta seção que procura analisar os filmes sob o ângulo do cinema arte, não cabe crítica alguma a ela. Gostar ou não gostar dessa fita é uma questão pessoal, condicionadas à posição de cada qual frente à França.

JANE EYRE – Filme da 20th Century-Fox; direção: Robert Stevenson; cenário: Aldous Huxley, Robert Stevenson e J.S. Houseman; música: Bernard Herman; principais atores: Orson Welles, Joan Fontaine, Peggy Ann Gardner, Henry Daniell, Margaret O'Brien.

Minha opinião a respeito deste filme discorda da adotada pela maioria dos críticos. Embora tenham reconhecido algumas qualidades nele, consideraram-no, em conjunto, um fracasso. Sem querer me arrogar a posição de papa infalível, mas não podendo deixar de acreditar que, no fundo, eu é que tenho razão, atribuo essa severidade em relação à película a uma reação que sucedeu a uma expectativa demasiado intensa. Pelos nomes que se sabiam ter cooperado nela, esperava-se uma grandiosa obra-prima. Ora, isso positivamente ela não é. Mas tal fato não constitui razão para que se a coloque num nível inferior ao em que ela realmente se mantém.

Jane Eyre é o produto da colaboração de várias personalidades marcadamente diferentes. É já extraordinário que tenham encontrado uma fórmula de compromisso, em que uma não tenha interferido com a outra. Mas é claro que esse compromisso empobreceu a fita, pois peou o livre desenvolvimento das qualidades de cada qual. Isso não se aplica, porém, a Bernard Herman, o excelente musicista que já em *O Homem que Vendeu a Alma (All that Money Can Buy)*, de William Dieterle, nos dera a medida de sua finíssima compreensão da música para cinema, numa das melhores partituras que a cinematografia ianque nos apresentou. Em *Jane Eyre* a orquestra não leva em conta, como poucas vezes observei com tanta arte, o meio de reprodução, isto é, a fixação na banda de celulóide. Poucos instrumentos, com predominância dos metais e madeiras, menos sujeitos do que as cordas à distorção do microfone. Temas ricos e sugestivos, sempre de acordo com a cena que acompanham. Pode-se objetar contra a demasiada evidência do acompanhamento musical, que por vezes assume exagerado relevo. Mas eu acredito que a música pode ter papel maior do que o de simples apoio para a imagem, e tentar estabelecer com ela um contraponto bidimensional, ou seja, em que haja alternância de valores de imagem e som.

TEMPO DE *CLIMA*

O cenário tem momentos excelentes e outros mais fracos. A maneira de apresentar o ataque da esposa doida de Rochester ao irmão, por meio das luzes que vemos se agitarem através das janelas do castelo, é magnífica. Todas as passagens são muito boas. Não posso deixar de ver uma intenção simbólica em todas aquelas transições, em que uma porta, uma cortina queimada, uma bola de bilhar, se aproximam da objetiva, mergulhando-a nas trevas, e depois se afastam bruscamente deixando a luz penetrar de um jato. É uma transposição plástica da linha geral do entrecho, com seu desenrolar progressivamente sombrio, e o desenlace luminoso.

Aqui devemos louvar tanto os autores do *script* (entre os quais se inclui o próprio Stevenson) quanto o diretor Robert Stevenson. Não só na utilização da fotografia, que aliás é muito boa, do princípio ao fim, mas no controle dos atores ele revela as suas qualidades. Naturalmente, percebemos melhor a segurança desse controle quando representam crianças. É claro que um Orson Welles não deve ter sido influenciado pelo diretor. Não necessitou disso para compor um personagem marcante.

Sou também defensor do Edward Rochester criado por Orson Welles. Muitos o consideraram teatral. Aceito a expressão, tirando-lhe no entanto qualquer acento pejorativo. É teatral no sentido de ter estilo, de ser uma personagem arquitetada para a filmagem. Não tem o natural fácil e a suposta limpidez que vemos muitas vezes louvadas como grandes qualidades. Entretanto, os meios de que se serve são sóbrios em extremo, nada tendo da ênfase que o teatro exige.

Com tudo isso, não se conseguiu fazer uma grande fita. Falta-lhe a chama de um grande talento criador, que conseguisse galvanizar os elementos diversos e formar com eles uma obra-prima. Mas justamente pela junção de artistas tão diferentes como os que nela colaboraram, eu esperava muito pior.

Subjetivamente, confesso que alcançou o seu objetivo: fez-me viver por alguns momentos no mundo do romantismo, onde a natureza participa misticamente das lutas humanas, no universo dos poetas e dos profetas, em que o mistério é nosso vizinho próximo, revelando-se fugidiamente, nas coisas mais familiares.

Nº 16, novembro de 1944

NOTA POLÍTICA

VERBETES PARA UM VOCABULÁRIO POLÍTICO[1]

Quero prevenir os meus amigos leitores que a interpretação por mim dada ao pedido que me fizeram os redatores de *Clima*, de escrever alguma coisa a respeito da Rússia, foi bastante larga. Evidentemente, o que é mais interessante é a atualidade russa. Mas para que pudesse tratar dela a contento (se o pudesse) deveria possuir documentação mais farta e mais autêntica. O simples conhecimento da língua russa não me fornece fontes de informação. Assim, limito-me a uma crônica em que me utilizo das notícias e comentários estampados em periódicos americanos, como *Time*, *Life*, *Newsweek*, e a *Oversea's Edition* do *New York Times*. Procurei interpretar os fatos à luz do conhecimento que presumo ter do caráter do povo russo. Por um artifício de exposição, centralizei os comentários em torno de alguns vocábulos da língua russa. Os azares da guerra emprestaram um significado novo e muito esclarecedor a certas palavras comuns do idioma. Examinemo-las.

NIEMIETSKII – Existe em russo a palavra *germanskii*, que também significa alemão. Mas aquela é mais corrente. Os que viram a película cinematográfica

---

1. Este artigo apareceu com o pseudônimo Fabrício Antunes, que Antonio Candido usava e Ruy Coelho só usou esta vez. Era um personagem fictício que fingia saber russo, daí a utilização neste artigo.

TEMPO DE *CLIMA*

Os Cavaleiros de Ferro, sabem o porque da expressão. Desde o século XI da nossa era que as populações germânicas e eslavas têm batalhado às margens do Rio Niemen. No século XIII, Alexandre Nievskii, herói nacional e santo da Igreja Ortodoxa, repeliu a invasão dos cavaleiros da Ordem Teutônica, à frente das tropas da cidade de Novgorod, a Grande, auxiliadas por homens de vários territórios russos. Mas as fronteiras foram estabelecidas, *grosso modo*, no Rio Niemen. Os Estados Bálticos, até data bastante posterior, gemeram sob a opressão germânica. Seria demasiado longo e fastidioso narrar todas as vicissitudes históricas porque passaram esses territórios. Basta lembrar que os tratados subseqüentes à guerra de 14-18 transformaram os antigos condados da Lavonia, da Estônia e da Curlândia nas repúblicas independentes da Estônia, Letônia e Lituânia.

Mas veio outra invasão de uma outra ordem, não religiosa, mas igualmente fanática, que em lugar da cruz de Cristo ostentava a cruz gamada em suas bandeiras . E as armas voltaram a se chocar nas margens do Rio Niemen. Só que agora em lugar das catapultas eram os canhões que espalhavam a morte, e em lugar dos besteirós e flecheiros, os regimentos possuíam grupos de metralhadoras leves e pesadas. Com a ocupação dos Estados Bálticos, que está sendo feita progressivamente, e a penetração na Prússia Oriental [2] desvaneceu-se o perigo desta segunda invasão teutônica. Mas a política russa do após guerra terá como um dos pontos básicos o afastamento do *Niemietskii*, bem para além do Rio Niemen.

SOCIED – Esta palavra, que deriva do latim *socius*, quer dizer em russo *vizinho*. Mas talvez fosse conveniente aproximar o significado da raiz primitiva. De fato, a União Soviética quer transformar cada vizinho em um sócio, no sentido que a palavra conserva nas Línguas néo-latinas. Com a Tchecoslováquia, desde o início, as coisas foram muito bem. Esse país era um dos poucos que possuía um governo verdadeiramente democrático, de modo que o entendimento pôde estabelecer-se. A Iugoslávia, desde que se reconheça o governo do Marechal Tito como o único legal, o que estará dentro das normas da mais estrita justiça, também não ocasionará dificuldades.

O problema da Polônia continua de pé. Os jornais que me chegaram, ante a avalanche de notícias dos vários *fronts*, não mais se ocuparam com as conversações realizadas em Moscou, entre o Comitê Polonês de Libertação

---

2. Prússia parece derivar-se, se bem que não esteja bem estabelecido, de Podrossita, o que significa Rússia Inferior. (N. O.)

VERBETES PARA UM VOCABULÁRIO POLÍTICO

Nacional, reconhecido pela Rússia, e o governo polonês de Londres. Pouco antes da primeira reunião, o Comitê, chefiado pelo veterano líder guerrilheiro socialista Edvard Boleslav Osubka Morawski, publicou um manifesto, de evidente inspiração russa, que contém pontos interessantíssimos. Destacaremos os seguintes:

• A Polônia deverá aceitar a Linha Curzon (fixada numa conversação diplomática preliminar, após a guerra de 14-18, e que não foi efetivada) como seus limites a Leste, com a Rússia.

• A Oeste, a Polônia deverá anexar a "antiga Pomorze", isto é, a Pomerânia, a Silésia Superior, a Prússia Oriental, e alguns pontos do Rio Oder. "Excusez du peu"... Seria englobado à República Polonesa de após-guerra um território de, mais ou menos, 41.000 de Kms. quadrados, com uma população aproximada de 6.500.000 habitantes, rica em minas de carvão, ferro, e em terras de agricultura. E que não conhece a dominação eslava desde o século XI.

• A Polônia deverá se transformar numa verdadeira democracia. Para isso o Comitê julga indispensável o estabelecimento do regime parlamentar, e de uma reforma agrária. É preciso abolir a organização semifeudal que imperava no país antes da guerra. Os grandes latifúndios deverão ser retalhados. Não se permitirão propriedades imobiliárias superiores a 247 acres. Cada camponês deverá poder cultivar as suas próprias terras.

• A Polônia deverá formar com a Rússia, Tchecoslováquia e Iugoslávia uma aliança pan-eslava. "Os eslavos devem formar uma frente unida contra os germanos". Não sabemos em que ponto estão as conversações entre os dois governos poloneses. Provavelmente sucederá o mesmo que se passou com o Comitê de Argel: transigência momentânea, e aniquilamento, por absorção, dos elementos que não representarem a vontade popular.

Em relação à Romênia e à Bulgária, não transpirou nenhum plano russo. Mas é mais do que provável que o camarada Molotov, com a minúcia escrupulosa de pequeno burguês que o caracteriza, tenha em suas gavetas projetos detalhados da linha de ação a ser seguida com esses países. Por enquanto, as duas declararam guerra à antiga aliada Alemanha, e estão desarmando os soldados inimigos em seu território, abrindo vastas extensões a serem atravessadas sem luta, e colocando ao dispor de sua "sócia" riquezas naturais de toda espécie.

DRUGÓI – É o adjetivo russo que significa *outro*. Deriva-se da mesma raiz eslava que deu o substantivo *drug* – amigo. O que nos dá vislumbres sobre o ânimo pacífico do eslavo. Os outros, sempre, são amigos... É verdade que,

TEMPO DE *CLIMA*

desde os dias de novembro, pelo nosso calendário, e outubro, pelo calendário ortodoxo, e que foram em número de dez, os outros, abalados, mas horrorizados, têm dado poucas mostras de amizade ao governo dos sovietes de marinheiros, soldados e camponeses. Mas agora, as coisas mudaram. Não há mais a III[a]. Internacional. (É mesmo gafe mencioná-la...) Aí estão escritores, embaixadores, bispos protestantes e padres católicos, todos a reçumar amizade... Exalta-se a valentia da aliada do Norte. Os livros elementares e gramáticas russos são vendidos como se foram quilos de manteiga. Acabou-se por completo o cerco que isolava a União Soviética dos outros. Não se fala nem de leve em "cordão sanitário..." Os tempos são outros.

Não posso deixar de ter a impressão de que atrás de uns vastos bigodes pretos oculta-se um sorriso...

N° 15, outubro de 1944

Título:	Tempo de *Clima*
Autor:	Ruy Coelho
Formato:	14,0 x 21,0 cm
Tipologia:	Gatineau 9,5/14
Papel:	Cartão Supremo 250 g/m2 (capa)
	Pólen Rustic Areia 85 g/m2 (miolo)
Número de Páginas:	142
Editoração Eletrônica e Laserfilm:	PS Comunicações
Fotolito de Capa:	Liner
Impressão:	Bartira Gráfica